Le chat noir

MW01713100

ŒUVRES PRINCIPALES

Histoires extraordinaires
Nouvelles histoires extraordinaires
Histoires grotesques et sérieuses
Le Corbeau
Les aventures d'Arthur Gordon Pym

Edgar Allan Poe

Le chat noir

et autres nouvelles

Traduit de l'américain
par Charles Baudelaire

Librio

Texte intégral

Tous droits réservés

LE CHAT NOIR

Relativement à la très-étrange et pourtant très-familière histoire que je vais coucher par écrit, je n'attends ni ne sollicite la créance. Vraiment, je serais fou de m'y attendre dans un cas où mes sens eux-mêmes rejettent leur propre témoignage. Cependant, je ne suis pas fou, – et très-certainement je ne rêve pas. Mais demain je meurs, et aujourd'hui je voudrais décharger mon âme. Mon dessein immédiat est de placer devant le monde, clairement, succinctement et sans commentaire, une série de simples événements domestiques. Dans leurs conséquences, ces événements m'ont terrifié, – m'ont torturé, – m'ont anéanti. – Cependant, je n'essayerai pas de les élucider. Pour moi, ils ne m'ont guère présenté que de l'horreur : – à beaucoup de personnes ils paraîtront moins terribles que *baroques*. Plus tard peut-être, il se trouvera une intelligence qui réduira mon fantôme à l'état de lieu commun, – quelque intelligence plus calme, plus logique et beaucoup moins excitable que la mienne, qui ne trouvera dans les circonstances que je raconte avec terreur qu'une succession ordinaire de causes et d'effets très-naturels.

Dès mon enfance, j'étais noté pour la docilité et l'humanité de mon caractère. Ma tendresse de cœur était même si remarquable qu'elle avait fait de moi le jouet de mes camarades. J'étais particulièrement fou des animaux, et mes parents m'avaient permis de posséder une grande variété de favoris. Je passais presque tout mon temps avec eux, et je n'étais jamais si heureux que quand je les nourrissais et les caressais. Cette particularité de mon caractère s'accrut avec ma croissance, et, quand je devins homme, j'en fis une de mes principales sources de plaisir. Pour ceux qui ont voué une affection à un chien fidèle et sagace, je n'ai pas besoin d'expliquer la nature ou l'intensité des jouissances qu'on peut en tirer. Il y a dans l'amour désintéressé d'une bête, dans ce sacrifice d'elle-même, quelque chose qui va directement au cœur de celui qui a eu fréquemment l'occasion de vérifier la chétive amitié et la fidélité de gaze de l'homme *naturel*.

Je me mariai de bonne heure, et je fus heureux de trouver dans ma femme une disposition sympathique à la mienne. Observant mon goût pour ces favoris domestiques, elle ne perdit aucune occasion de me procurer ceux de l'espèce la plus agréable. Nous eûmes des oiseaux, un poisson doré, un beau chien, des lapins, un petit singe et *un chat*.

Ce dernier était un animal remarquablement fort et beau, entièrement noir, et d'une sagacité merveilleuse. En parlant de son intelligence, ma femme, qui au fond n'était pas peu pénétrée de superstition, faisait de fréquentes allusions à l'ancienne croyance populaire qui regardait tous les chats noirs comme des sorcières déguisées. Ce n'est pas qu'elle fût toujours *sérieuse* sur ce point, – et, si je mentionne la chose, c'est simplement parce que cela me revient, en ce moment même, à la mémoire.

Pluton – c'était le nom du chat – était mon préféré, mon camarade. Moi seul, je le nourrissais, et il me suivait dans la maison partout où j'allais. Ce n'était même pas sans peine que je parvenais à l'empêcher de me suivre dans les rues.

Notre amitié subsista ainsi plusieurs années, durant lesquelles l'ensemble de mon caractère et de mon tempérament, – par l'opération du démon Intempérance, je rougis de le confesser, – subit une altération, radicalement mauvaise. Je devins de jour en jour plus morne, plus irritable, plus insoucieux des sentiments des autres. Je me permis d'employer un langage brutal à l'égard de ma femme. À la longue, je lui infligeai même des violences personnelles. Mes pauvres favoris, naturellement, durent ressentir le changement de mon caractère. Non-seulement je les négligeais, mais je les maltraitais. Quant à Pluton, toutefois, j'avais encore une considération suffisante qui m'empêchait de le malmener, tandis que je n'éprouvais aucun scrupule à maltraiter les lapins, le singe et même le chien, quand, par hasard ou par amitié, ils se jetaient dans mon chemin. Mais mon mal m'envahissait de plus en plus, – car quel mal est comparable à l'alcool ? – et à la longue Pluton lui-même, qui maintenant se faisait vieux et qui naturellement devenait quelque peu maussade, – Pluton lui-même commença à connaître les effets de mon méchant caractère.

Une nuit, comme je rentrais au logis très-ivre, au sortir d'un de mes repaires habituels des faubourgs, je m'imaginai que le chat évitait ma présence. Je le saisis ; – mais lui, effrayé de ma violence, il me fit à la main une légère blessure avec les dents. Une fureur de démon s'empara soudainement de moi. Je ne me connus plus, mon âme originelle sembla tout d'un coup s'envoler de mon corps, et une méchanceté hyperdiabolique, saturée de gin, pénétra chaque fibre de mon être. Je tirai de la poche de mon gilet un canif, je l'ouvris ; je saisis la pauvre bête par la gorge, et, délibérément, je fis sauter un de ses yeux de son orbite ! Je rougis, je brûle, je frissonne en écrivant cette damnable atrocité !

Quand la raison me revint avec le matin, – quand j'eus cuvé les vapeurs de ma débauche nocturne, – j'éprouvai un sentiment moitié d'horreur, moitié de remords, pour le crime dont je m'étais rendu coupable ; mais c'était tout au plus un faible et équivoque sentiment, et l'âme n'en subit pas les atteintes. Je me replongeai dans les excès, et bientôt je noyai dans le vin tout le souvenir de mon action.

Cependant, le chat guérit lentement. L'orbite de l'œil perdu présentait, il est vrai, un aspect effrayant, mais il n'en parut plus souffrir désormais. Il allait et venait dans la maison selon son habitude ; mais, comme je devais m'y attendre, il fuyait avec une extrême terreur à mon approche. Il me restait assez de mon ancien cœur pour me sentir d'abord affligé de cette évidente antipathie de la part d'une créature qui jadis m'avait tant aimé. Mais ce sentiment fit bientôt place à l'irritation. Et alors apparut, comme pour ma chute finale et irrévocable, l'esprit de PERVERSITÉ. De cet esprit la philosophie ne tient aucun compte. Cependant, aussi sûr que mon âme existe, je crois que la perversité est une des primitives impulsions du cœur humain, – une des indivisibles premières facultés, ou sentiments, qui donnent la direction au caractère de l'homme. Qui ne s'est pas surpris cent fois commettant une action sotte ou vile, par la seule raison qu'il savait devoir *ne pas* la commettre ? N'avons-nous pas une perpétuelle inclination, malgré l'excellence de notre jugement, à violer ce qui est *la Loi*, simplement parce que nous comprenons que c'est *la Loi* ? Cet esprit de perversité, dis-je, vint causer ma déroute finale. C'est ce désir ardent, insondable de l'âme *de se torturer elle-même*, – de violenter sa propre nature, – de faire le mal pour l'amour du mal seul, – qui me poussait à continuer, et finalement à consommer le supplice que j'avais infligé à la bête inoffensive. Un matin, de sang-froid, je glissai un nœud coulant autour de son cou, et je le pendis à la branche d'un arbre ; – je le pendis avec des larmes plein mes yeux, – avec le plus amer remords dans le cœur ;

– je le pendis, *parce que* je savais qu'il m'avait aimé, et *parce que* je sentais qu'il ne m'avait donné aucun sujet de colère ; – je le pendis, *parce que* je savais qu'en faisant ainsi je commettais un péché, – un péché mortel qui compromettait mon âme immortelle, au point de la placer, – si une telle chose était possible, – même au-delà de la miséricorde infinie du Dieu Très-Miséricordieux et Très-Terrible.

Dans la nuit qui suivit le jour où fut commise cette action cruelle, je fus tiré de mon sommeil par le cri « Au feu ! » Les rideaux de mon lit étaient en flammes. Toute la maison flambait. Ce ne fut pas sans une grande difficulté que nous échappâmes à l'incendie, – ma femme, un domestique, et moi. La destruction fut complète. Toute ma fortune fut engloutie, et je m'abandonnai dès lors au désespoir.

Je ne cherche pas à établir une liaison de cause à effet entre l'atrocité et le désastre, je suis au-dessus de cette faiblesse. Mais je rends compte d'une chaîne de faits, – et je ne veux pas négliger un seul anneau. Le jour qui suivit l'incendie, je visitai les ruines. Les murailles étaient tombées, une seule exceptée ; et cette seule exception se trouva être une cloison intérieure, peu épaisse, située à peu près au milieu de la maison, et contre laquelle s'appuyait le chevet de mon lit. La maçonnerie avait ici, en grande partie, résisté à l'action du feu, – fait que j'attribuai à ce qu'elle avait été récemment remise à neuf. Autour de ce mur, une foule épaisse était rassemblée, et plusieurs personnes paraissaient en examiner une portion particulière avec une minutieuse et vive attention. Les mots : Étrange ! singulier ! et autres expressions analogues, excitèrent ma curiosité. Je m'approchai, et je vis, semblable à un bas-relief sculpté sur la surface blanche, la figure d'un gigantesque *chat*. L'image était rendue avec une exactitude vraiment merveilleuse. Il y avait une corde autour du cou de l'animal.

Tout d'abord, en voyant cette apparition, – car je ne pouvais guère considérer cela que comme une apparition, – mon étonnement et ma terreur furent extrêmes. Mais enfin, la réflexion vint à mon aide. Le chat, je m'en souvenais, avait été pendu dans un jardin adjacent à la maison. Aux cris d'alarme, ce jardin avait été immédiatement envahi par la foule, et l'animal avait dû être détaché de l'arbre par quelqu'un, et jeté dans ma chambre à travers une fenêtre ouverte. Cela avait été fait, sans doute, dans le but de m'arracher au sommeil. La chute des autres murailles avait comprimé la victime de ma cruauté dans la substance du plâtre fraîchement étendu ; la chaux de ce mur, combinée avec les flammes et l'ammoniaque du cadavre, avait ainsi opéré l'image telle que je la voyais.

Quoique je satisfisse ainsi lestement ma raison, sinon tout à fait ma conscience, relativement au fait surprenant que je viens de raconter, il n'en fit pas moins sur mon imagination une impression profonde. Pendant plusieurs mois je ne pus me débarrasser du fantôme du chat ; et durant cette période un demi-sentiment revint dans mon âme, qui paraissait être, mais qui n'était pas le remords. J'allai jusqu'à déplorer la perte de l'animal, et à chercher autour de moi, dans les bouges méprisables que maintenant je fréquentais habituellement, un autre favori de la même espèce et d'une figure à peu près semblable pour le suppléer.

Une nuit, comme j'étais assis à moitié stupéfié, dans un repaire plus qu'infâme, mon attention fut soudainement attirée vers un objet noir, reposant sur le haut d'un des immenses tonneaux de gin ou de rhum qui composaient le principal ameublement de la salle. Depuis quelques minutes, je regardais fixement le haut de ce tonneau, et ce qui me surprenait maintenant, c'était de n'avoir pas encore aperçu l'objet situé dessus. Je m'en approchai, et je le touchai avec ma main. C'était un chat noir, – un très-gros chat,

– au moins aussi gros que Pluton, lui ressemblant absolument, excepté en un point. Pluton n'avait pas un poil blanc sur tout le corps ; celui-ci portait une éclaboussure large et blanche, mais d'une forme indécise, qui couvrait presque toute la région de la poitrine.

A peine l'eus-je touché, qu'il se leva subitement, ronronna fortement, se frotta contre ma main, et parut enchanté de mon attention. C'était donc là la vraie créature dont j'étais en quête. J'offris tout de suite au propriétaire de le lui acheter ; mais cet homme ne le revendiqua pas – ne le connaissait pas, – ne l'avait jamais vu auparavant.

Je continuai mes caresses, et, quand je me préparai à retourner chez moi, l'animal se montra disposé à m'accompagner. Je lui permis de le faire ; me baissant de temps à autre, et le caressant en marchant. Quand il fut arrivé à la maison, il s'y trouva comme chez lui, et devint tout de suite le grand ami de ma femme.

Pour ma part, je sentis bientôt s'élever en moi une antipathie contre lui. C'était justement le contraire de ce que j'avais espéré ; mais – je ne sais ni comment ni pourquoi cela eut lieu – son évidente tendresse pour moi me dégoûtait presque et me fatiguait. Par de lents degrés, ces sentiments de dégoût et d'ennui s'élevèrent jusqu'à l'amertume de la haine. J'évitais la créature ; une certaine sensation de honte et le souvenir de mon premier acte de cruauté m'empêchèrent de la maltraiter. Pendant quelques semaines, je m'abstins de battre le chat ou de le malmener violemment ; mais graduellement, – insensiblement, – j'en vins à le considérer avec une indicible horreur, et à fuir silencieusement son odieuse présence, comme le souffle d'une peste.

Ce qui ajouta sans doute à ma haine contre l'animal, fut la découverte que je fis le matin, après l'avoir amené à la maison, que, comme Pluton, lui aussi avait été privé d'un de ses yeux. Cette circonstance, toutefois, ne fit que le rendre plus cher à ma femme, qui, comme je l'ai déjà dit, possédait à un haut degré cette tendresse de sentiment qui jadis avait été mon trait caractéristique et la source fréquente de mes plaisirs les plus simples et les plus purs.

Néanmoins, l'affection du chat pour moi paraissait s'accroître en raison de mon aversion contre lui. Il suivait mes pas avec une opiniâtreté qu'il serait difficile de faire comprendre au lecteur. Chaque fois que je m'asseyais, il se blottissait sous ma chaise, ou il sautait sur mes genoux, me couvrant de ses affreuses caresses. Si je me levais pour marcher, il se fourrait dans mes jambes, et me jetait presque par terre, ou bien, enfonçant ses griffes longues et aiguës dans mes habits, grimpait de cette manière jusqu'à ma poitrine. Dans ces moments-là, quoique je désirasse le tuer d'un bon coup, j'en étais empêché, en partie par le souvenir de mon premier crime, mais principalement – je dois le confesser tout de suite – par une véritable *terreur* de la bête.

Cette terreur n'était pas positivement la terreur d'un mal physique, – et cependant je serais fort en peine de la définir autrement. Je suis presque honteux d'avouer, – oui, même dans cette cellule de malfaiteur, je suis presque honteux d'avouer que la terreur et l'horreur que m'inspirait l'animal avaient été accrues par une des plus parfaites chimères qu'il fût possible de concevoir. Ma femme avait appelé mon attention plus d'une fois sur le caractère de la tache blanche dont j'ai parlé, et qui constituait l'unique différence visible entre l'étrange bête et celle que j'avais tuée. Le lecteur se rappellera sans doute que cette marque, quoique grande, était primitivement indéfinie dans sa forme ; mais, lentement, par degrés, – par des degrés imperceptibles, et que ma raison s'efforça longtemps de considérer comme imaginaires, – elle avait à la longue pris une rigoureuse netteté de contours. Elle était maintenant l'image d'un objet que je frémis de nommer, – et c'était là surtout ce qui me faisait prendre le monstre en horreur et en dégoût, et m'aurait poussé à m'en délivrer, *si je l'avais osé* ; – *c'était* maintenant, dis-je, l'image d'une hideuse, – d'une sinistre chose, – l'image du GIBET ! – oh ! lugubre et terrible machine ! machine d'Horreur et de Crime. – d'Agonie et de Mort !

Et, maintenant, j'étais en vérité misérable au-delà de la misère possible de l'Humanité. Une bête brute, – dont j'avais avec mépris détruit le frère, – *une bête brute* engendrée pour moi, – pour moi, homme façonné à l'image du Dieu Très-Haut, – une si grande et si intolérable infortune ! Hélas ! je ne connaissais plus la béatitude du repos, ni le jour ni la nuit ! Durant le jour la créature ne me laissait pas un seul moment ; et, pendant la nuit, à chaque instant, quand je sortais de mes rêves pleins d'une intraduisible angoisse, c'était pour sentir la tiède haleine de la *chose* sur mon visage, et son immense poids, – incarnation d'un cauchemar que j'étais impuissant à secouer, – éternellement posé sur mon *cœur* !

Sous la pression de pareils tourments, le peu de bon qui restait en moi succomba. De mauvaises pensées devinrent mes seules intimes, – les plus sombres et les plus mauvaises de toutes les pensées. La tristesse de mon humeur habituelle s'accrut jusqu'à la haine de toutes choses et de toute humanité ; cependant, ma femme, qui ne se plaignait jamais, hélas ! était mon souffre-douleur ordinaire, la plus patiente victime des soudaines, fréquentes et indomptables éruptions d'une furie à laquelle je m'abandonnai dès lors aveuglément.

Un jour, elle m'accompagna pour quelque besogne domestique dans la cave du vieux bâtiment où notre pauvreté nous contraignait d'habiter. Le chat me suivit sur les marches roides de l'escalier, et, m'ayant presque culbuté la tête la première, m'exaspéra jusqu'à la folie. Levant une hache, et oubliant dans ma rage la peur puérile qui jusque-là avait retenu ma main, j'adressai à l'animal un coup qui eût été mortel, s'il avait porté comme je voulais ; mais ce coup fut arrêté par la main de ma femme. Cette intervention m'aiguillonna jusqu'à une rage plus que démoniaque ; je débarrassai mon bras de son étreinte et lui enfonçai ma hache dans le crâne. Elle tomba morte sur la place, sans pousser un gémissement.

Cet horrible meurtre accompli, je me mis immédiatement et très-délibérément en mesure de cacher le corps. Je compris que je ne pouvais pas le faire disparaître de la maison, soit de jour, soit de nuit, sans courir le danger d'être observé par les voisins. Plusieurs projets traversèrent mon esprit. Un moment j'eus l'idée de couper le cadavre par petits morceaux, et de les détruire par le feu. Puis je résolus de creuser une fosse dans le sol de la cave. Puis je pensai à le jeter dans le puits de la cour, – puis à l'emballer dans une caisse comme marchandise, avec les formes usitées, et à charger un commissionnaire de le porter hors de la maison. Finalement, je m'arrêtai à un expédient que je considérai comme le meilleur de tous. Je me déterminai à le murer dans la cave, – comme les moines du Moyen Age muraient, dit-on, leurs victimes.

La cave était fort bien disposée pour un pareil dessein. Les murs étaient construits négligemment, et avaient été récemment enduits dans toute leur étendue d'un gros plâtre que l'humidité de l'atmosphère avait empêché de durcir. De plus, dans l'un des murs, il y avait une saillie causée par une fausse cheminée, ou espèce d'âtre, qui avait été comblée et maçonnée dans le même genre que le reste de la cave. Je ne doutais pas qu'il ne me fût facile de déplacer les briques à cet endroit, d'y introduire le corps, et de murer le tout de la même manière, de sorte qu'aucun œil n'y pût rien découvrir de suspect.

Et je ne fus pas déçu dans mon calcul. A l'aide d'une pince, je délogeai très-aisément les briques, et, ayant soigneusement appliqué le corps contre le mur intérieur, je le soutins dans cette position jusqu'à ce que j'eusse rétabli, sans trop de peine, toute la maçonnerie dans son état primitif. M'étant procuré du mortier, du sable et du poil avec toutes les précautions imaginables, je préparai un crépi qui ne pouvait pas être distingué de l'ancien, et j'en recouvris très-soigneusement le nouveau briquetage. Quand j'eus fini, je vis avec satisfaction que tout était pour le mieux. Le mur ne présentait pas la plus légère trace de dérangement. J'enlevai tous les gravats avec le plus grand soin, j'épluchai pour ainsi dire le sol. Je regardai triomphalement autour de moi, et me dis à moi-même : Ici, au moins, ma peine n'aura pas été perdue !

Mon premier mouvement fut de chercher la bête qui avait été la cause d'un si grand malheur ; car à la fin, j'avais résolu fermement de la mettre à mort. Si j'avais pu la rencontrer dans ce moment, sa destinée était claire ; mais il paraît que l'artificieux animal avait été alarmé par la violence de ma récente colère, et qu'il prenait soin de ne pas se montrer dans l'état actuel de mon humeur. Il est impossible de décrire ou d'imaginer la profonde, la béate sensation de soulagement que l'absence de la détestable créature détermina dans mon cœur. Elle ne se présenta pas de toute la nuit, – et ainsi ce fut la première bonne nuit, – depuis son introduction dans la maison, – que je dormis solidement et tranquillement ; oui, je *dormis* avec le poids de ce meurtre sur l'âme !

Le second et le troisième jour s'écoulèrent, et cependant mon bourreau ne vint pas. Une fois encore je respirai comme un homme libre. Le monstre, dans sa terreur, avait vidé les lieux pour toujours ! Je ne le verrais donc plus jamais ! Mon bonheur était suprême ! La criminalité de ma ténébreuse action ne m'inquiétait que fort peu. On avait bien fait une espèce d'enquête, mais elle s'était satisfaite à bon marché. Une perquisition avait même été ordonnée, – mais naturellement on ne pouvait rien découvrir. Je regardais ma félicité à venir comme assurée.

Le quatrième jour depuis l'assassinat, une troupe d'agents de police vint très-inopinément à la maison, et procéda de nouveau à une rigoureuse investigation des lieux. Confiant, néanmoins, dans l'impénétrabilité de la cachette, je n'éprouvai aucun embarras. Les officiers me firent les accompagner dans leur recherche. Ils ne laissèrent pas un coin, pas un angle inexploré. A la fin, pour la troisième ou quatrième fois, ils descendirent dans la cave. Pas un muscle en moi ne tressaillit. Mon cœur battait paisiblement, comme celui d'un homme qui dort dans l'innocence. J'arpentais la cave d'un bout à l'autre ; je croisais mes bras sur ma poitrine, et me promenais çà et là avec aisance. La police était pleinement satisfaite et se préparait à décamper. La jubilation de mon cœur était trop forte pour être réprimée. Je brûlais de dire au moins un mot, rien qu'un mot, en manière de triomphe, et de rendre deux fois plus convaincue leur conviction de mon innocence.

– Gentlemen, – dis-je à la fin, – comme leur troupe remontait l'escalier, – je suis enchanté d'avoir apaisé vos soupçons. Je vous souhaite à tous une bonne santé et un peu plus de courtoisie. Soit dit en passant, gentlemen, voilà – voilà une maison singulièrement bien bâtie (dans mon désir enragé de dire quelque chose d'un air délibéré, je savais à peine ce que je débitais), – je puis dire que c'est une maison *admirablement* bien construite. Ces murs, – est-ce que vous partez, gentlemen ? – ces murs sont solidement maçonnés.

Et ici, par une bravade frénétique, je frappai fortement avec une canne que j'avais à la main juste sur la partie du briquetage derrière laquelle se tenait le cadavre de l'épouse de mon cœur.

Ah ! qu'au moins Dieu me protège et me délivre des griffes de l'Archidémon ! – A peine l'écho de mes coups était-il tombé dans le silence, qu'une voix me répondit du fond de la tombe ! – une plainte, d'abord voilée et entrecoupée, comme le sanglotement d'un enfant, puis, bientôt, s'enflant en un cri prolongé, sonore et continu, tout à fait anormal et antihumain, – un hurlement, – un glapissement, moitié horreur et moitié triomphe, – comme il en peut monter seulement de l'Enfer, – affreuse harmonie jaillissant à la fois de la gorge des damnés dans leurs tortures, et des démons exultant dans la damnation.

Vous dire mes pensées, ce serait folie. Je me sentis défaillir, et je chancelai contre le mur opposé. Pendant un moment, les officiers placés sur les marches restèrent immobiles, stupéfiés par la terreur. Un instant après, une douzaine de bras robustes s'acharnaient sur le mur. Il tomba tout d'une pièce. Le corps, déjà grandement délabré et souillé de sang grumelé, se tenait droit devant les yeux des spectateurs. Sur sa tête, avec la gueule rouge dilatée et l'œil unique flamboyant, était perchée la hideuse bête dont l'astuce m'avait induit à l'assassinat, et dont la voix révélatrice m'avait livré au bourreau. J'avais muré le monstre dans la tombe !

HOP-FROG

Je n'ai jamais connu personne qui eût plus d'entrain et qui fût plus porté à la facétie que ce brave roi. Il ne vivait que pour les farces. Raconter une bonne histoire dans le genre bouffon, et la bien raconter, c'était le plus sûr chemin pour arriver à sa faveur. C'est pourquoi ses sept ministres étaient tous gens distingués par leurs talents de farceurs. Ils étaient tous taillés d'après le patron royal, – vaste corpulence, adiposité, inimitable aptitude pour la bouffonnerie. Que les gens engraissent par la farce ou qu'il y ait dans la graisse quelque chose qui prédispose à la farce, c'est une question que je n'ai jamais pu décider ; mais il est certain qu'un farceur maigre peut s'appeler *rara avis in terris*.

Quant aux raffinements, ou *ombres* de l'esprit, comme il les appelait lui-même, le roi s'en souciait médiocrement. Il avait une admiration spéciale pour la *largeur* dans la facétie, et il la digérait même en *longueur*, pour l'amour d'elle. Les délicatesses l'ennuyaient. Il aurait préféré le *Gargantua* de Rabelais au *Zadig* de Voltaire, et par-dessus tout les bouffonneries en action accommodaient son goût, bien mieux encore que les plaisanteries en paroles.

A l'époque où se passe cette histoire, les bouffons de profession n'étaient pas tout à fait passés de mode à la cour. Quelques-unes des grandes *puissances* continentales gardaient encore leurs *fous* ; c'étaient des malheureux, bariolés, ornés de bonnets à sonnettes, et qui devaient être toujours prêts à livrer, à la minute, des bons mots subtils en échange des miettes qui tombaient de la table royale.

Notre roi, naturellement, avait son fou. Le fait est qu'il *sentait le besoin* de quelque chose dans le sens de la folie, – ne fût-ce que pour contrebalancer la pesante sagesse des sept hommes sages qui lui servaient de ministres, – pour ne pas parler de lui.

Néanmoins, son fou, son bouffon de profession, n'était pas seulement un fou. Sa valeur était triplée aux yeux du roi par le fait qu'il était en même temps nain et boiteux. Dans ce temps-là, les nains étaient à la cour aussi communs que les fous ; et plusieurs monarques auraient trouvé difficile de passer leur temps – le temps est plus long à la cour que partout ailleurs – sans un bouffon pour les faire rire, et un nain pour en rire. Mais, comme je l'ai déjà remarqué, tous ces bouffons, dans quatre-vingt-dix-neuf cas sur cent, sont gras, ronds et massifs, – de sorte que c'était pour notre roi une ample source d'orgueil de posséder dans Hop-Frog – c'était le nom du fou – un triple trésor en une seule personne.

Je crois que le nom de Hop-Frog n'était pas celui dont l'avaient baptisé ses parrains, mais qu'il lui avait été conféré par l'assentiment unanime des sept ministres, en raison de son impuissance à marcher comme les autres hommes[1]. Dans le fait, Hop-Frog ne pouvait se mouvoir qu'avec une sorte d'allure *interjectionnelle,* – quelque chose entre le saut et le tortillement, – une espèce de mouvement qui était pour le roi une récréation perpétuelle et, naturellement, une jouissance ; car, nonobstant la proéminence de sa panse et une bouffissure constitutionnelle de la tête, le roi passait aux yeux de toute sa cour pour un fort bel homme.

1. *Hop,* sautiller, – *frog,* grenouille. (C.B.)

Mais bien que Hop-Frog, grâce à la distorsion de ses jambes, ne pût se mouvoir que très-laborieusement dans un chemin ou sur un parquet, la prodigieuse puissance musculaire dont la nature avait doué ses bras, comme pour compenser l'imperfection de ses membres inférieurs, le rendait apte à accomplir maints traits d'une étonnante dextérité, quand il s'agissait d'arbres, de cordes, ou de quoi que ce soit où l'on pût grimper. Dans ces exercices-là, il avait plutôt l'air d'un écureuil ou d'un singe que d'une grenouille.

Je ne saurais dire précisément de quel pays Hop-Frog était originaire. Il venait sans doute de quelque région barbare, dont personne n'avait entendu parler, – à une vaste distance de la cour de notre roi. Hop-Frog et une jeune fille un peu moins naine que lui – mais admirablement bien proportionnée et excellente danseuse, – avaient été enlevés à leurs foyers respectifs, dans des provinces limitrophes, et envoyés en présent au roi par un de ses généraux chéris de la victoire.

Dans de pareilles circonstances, il n'y avait rien d'étonnant à ce qu'une étroite intimité se fût établie entre les deux petits captifs. En réalité, ils devinrent bien vite deux amis jurés. Hop-Frog, qui, bien qu'il se mît en grands frais de bouffonnerie, n'était nullement populaire, ne pouvait pas rendre à Tripetta de grands services ; mais elle, en raison de sa grâce et de son exquise beauté, – de naine, – elle était universellement admirée et choyée ; elle possédait donc beaucoup d'influence et ne manquait jamais d'en user, en toute occasion, au profit de son cher Hop-Frog.

Dans une grande occasion solennelle, – je ne sais plus laquelle, – le roi résolut de donner un bal masqué ; et, chaque fois qu'une mascarade ou toute autre fête de ce genre avait lieu à la cour, les talents de Hop-Frog et de Tripetta étaient à coup sûr mis en réquisition. Hop-Frog, particulièrement, était si inventif en matière de décorations, de types nouveaux, et de travestissements pour les bals masqués, qu'il semblait que rien ne pût se faire sans son assistance.

La nuit marquée pour la fête était arrivée. Une salle splendide avait été disposée, sous l'œil de Tripetta avec toute l'ingéniosité possible pour donner de l'éclat à une mascarade. Toute la cour était dans la fièvre de l'attente. Quant aux costumes et aux rôles, chacun, on le pense bien, avait fait son choix en cette matière. Beaucoup de personnes avaient déterminé les rôles qu'elles adopteraient, une semaine ou même un mois d'avance ; et, en somme, il n'y avait incertitude ni indécision nulle part, – excepté chez le roi et ses sept ministres. Pourquoi hésitaient-ils ? je ne saurais le dire, – à moins que ce ne fût encore une manière de farce. Plus vraisemblablement, il leur était difficile d'attraper leur idée, à cause qu'ils étaient si gros ! Quoi qu'il en soit, le temps fuyait, et, comme dernière ressource, ils envoyèrent chercher Tripetta et Hop-Frog.

Quand les deux petits amis obéirent à l'ordre du roi, ils le trouvèrent prenant royalement le vin avec les sept membres de son conseil privé ; mais le monarque semblait de fort mauvaise humeur. Il savait que Hop-Frog craignait le vin ; car cette boisson excitait le pauvre boiteux jusqu'à la folie ; et la folie n'est pas une manière de sentir bien réjouissante. Mais le roi aimait ses propres charges et prenait plaisir à forcer Hop-Frog à boire, et, – suivant l'expression royale, – à *être gai*.

– Viens ici, Hop-Frog, – dit-il, comme le bouffon et son amie entraient dans la chambre ; – avale-moi cette rasade à la santé de vos amis absents (ici Hop-Frog soupira), et sers-nous de ton imaginative. Nous avons besoin de types, – de *caractères*, mon brave ! de quelque chose de nouveau,

– d'extraordinaire. Nous sommes fatigués de cette éternelle monotonie. Allons, bois ! – le vin allumera ton génie !

Hop-Frog s'efforça, comme d'habitude, de répondre par un bon mot aux avances du roi ; mais l'effort fut trop grand. C'était justement le jour de naissance du pauvre nain, et l'ordre de boire *à ses amis absents* fit jaillir les larmes de ses yeux. Quelques larges gouttes amères tombèrent dans la coupe pendant qu'il la recevait humblement de la main de son tyran.

– Ha ! ha ! ha ! – rugit ce dernier, comme le nain épuisait la coupe avec répugnance, – vois ce que peut faire un verre de bon vin ! Eh ! tes yeux brillent déjà !

Pauvre garçon ! Ses larges yeux étincelaient plutôt qu'ils ne brillaient, car l'effet du vin sur son excitable cervelle était aussi puissant qu'instantané. Il plaça nerveusement le gobelet sur la table, et promena sur l'assistance un regard fixe et presque fou. Ils semblaient tous s'amuser prodigieusement du succès de la *farce* royale.

– Et maintenant, à l'ouvrage ! – dit le premier ministre, un très-gros homme.

– Oui, – dit le roi, – allons ! Hop-Frog, prête-nous ton assistance. Des types, mon beau garçon ! des caractères ! nous avons besoin de *caractère !* – nous en avons tous besoin ! – ah ! ah ! ah !

Et, comme ceci visait sérieusement au bon mot, ils firent, tous sept, chorus au rire royal. Hop-Frog rit aussi, mais faiblement et d'un rire distrait.

– Allons ! allons ! – dit le roi impatienté, – est-ce que tu ne trouves rien ?

– Je tâche de trouver quelque chose de *nouveau,* – répéta le nain d'un air perdu ; car il était tout à fait égaré par le vin.

– Tu tâches ! – cria le tyran, férocement. – Qu'entends-tu par ce mot ? Ah ! je comprends. Vous boudez, et il vous faut encore du vin. Tiens ! avale ça ! – Et il remplit une nouvelle coupe et la tendit toute pleine au boiteux, qui la regarda et respira comme essoufflé.

– Bois, te dis-je ! – cria le monstre, – ou par les démons !...

Le nain hésitait. Le roi devint pourpre de rage. Les courtisans souriaient cruellement. Tripetta, pâle comme un cadavre, s'avança jusqu'au siège du monarque, et, s'agenouillant devant lui, elle le supplia d'épargner son ami.

Le tyran la regarda pendant quelques instants, évidemment stupéfait d'une pareille audace. Il semblait ne savoir que dire ni que faire, – ni comment exprimer son indignation d'une manière suffisante. A la fin, sans prononcer une syllabe, il la repoussa violemment loin de lui, et lui jeta à la face le contenu de la coupe pleine jusqu'aux bords.

La pauvre petite se releva du mieux qu'elle put, et, n'osant pas même soupirer, elle reprit sa place au pied de la table.

Il y eut pendant une demi-minute un silence de mort, pendant lequel on aurait entendu tomber une feuille, une plume. Ce silence fut interrompu par une espèce de grincement sourd, mais rauque et prolongé, qui sembla jaillir tout d'un coup de tous les coins de la chambre.

– Pourquoi, – pourquoi, – pourquoi faites-vous ce bruit ? – demanda le roi, se retournant avec fureur vers le nain.

Ce dernier semblait être revenu à peu près de son ivresse, et, regardant fixement, mais avec tranquillité, le tyran en face, il s'écria simplement :

– Moi, – moi ? Comment pourrait-ce être moi ?

– Le son m'a semblé venir du dehors, – observa l'un des courtisans ; – j'imagine que c'est le perroquet à la fenêtre, qui aiguise son bec aux barreaux de sa cage.

– C'est vrai, – répliqua le monarque, comme très-soulagé par cette idée, – mais, sur mon honneur de chevalier, j'aurais juré que c'était le grincement des dents de ce misérable.

Là-dessus, le nain se mit à rire (le roi était un farceur trop déterminé pour trouver à redire au rire de qui que ce fût), et déploya une large puissante et épouvantable rangée de dents. Bien mieux, il déclara qu'il était tout disposé à boire autant de vin qu'on voudrait. Le monarque s'apaisa, et Hop-Frog, ayant absorbé une nouvelle rasade sans le moindre inconvénient, entra tout de suite, et avec chaleur, dans le plan de la mascarade.

– Je ne puis expliquer, – observa-t-il fort tranquillement et comme s'il n'avait jamais goûté de vin de sa vie, – comment s'est faite cette association d'idées ; mais, *juste après* que Votre Majesté eut frappé la petite et lui eut jeté le vin à la face, – *juste après* que Votre Majesté eut fait cela, et pendant que le perroquet faisait ce singulier bruit derrière la fenêtre, il m'est revenu à l'esprit un merveilleux divertissement ; – c'est un des jeux de mon pays, et nous l'introduisons souvent dans nos mascarades ; mais ici il sera absolument nouveau. Malheureusement, ceci demande une société de huit personnes, et...

– Eh ! nous sommes huit ! – s'écria le roi, riant de sa subtile découverte ; – huit, juste ! – moi et mes sept ministres. Voyons ! quel est ce divertissement ?

– Nous appelons cela, – dit le boiteux, – *les Huit Orangs-Outangs Enchaînés*, et c'est vraiment un jeu charmant, quand il est bien exécuté.

– *Nous* l'exécuterons, – dit le roi, en se redressant et abaissant les paupières.

– La beauté du jeu, – continua Hop-Frog, – consiste dans l'effroi qu'il cause parmi les femmes.

– Excellent ! – rugirent en chœur le monarque et son ministère.

– *C'est moi* qui vous habillerai en orangs-outangs, –

continua le nain ; – fiez-vous à moi pour tout cela. La ressemblance sera si frappante, que tous les masques vous prendront pour de véritables bêtes, – et, naturellement, ils seront aussi terrifiés qu'étonnés.

– Oh ! c'est ravissant ! – s'écria le roi. – Hop-Frog ! nous ferons de toi un homme !

– Les chaînes ont pour but d'augmenter le désordre par leur tintamarre. Vous êtes censés avoir échappé en masse à vos gardiens. Votre Majesté ne peut se figurer l'effet produit, dans un bal masqué, par huit orangs-outangs enchaînés, que la plupart des assistants prennent pour de véritables bêtes, se précipitant avec des cris sauvages à travers une foule d'hommes et de femmes coquettement et somptueusement vêtus. Le contraste n'a pas son pareil.

– Cela sera ! – dit le roi ; et le conseil se leva en toute hâte, – car il se faisait tard, – pour mettre à exécution le plan de Hop-Frog.

Sa manière d'arranger tout ce monde en orangs-outangs était très-simple, mais très-suffisante pour son dessein. A l'époque où se passe cette histoire, on voyait rarement des animaux de cette espèce dans les différentes parties du monde civilisé ; et, comme les imitations faites par le nain étaient suffisamment bestiales et plus que suffisamment hideuses, on crut pouvoir se fier à la ressemblance.

Le roi et ses ministres furent d'abord insinués dans des chemises et des caleçons de tricot collants. Puis on les enduisit de goudron. A cet endroit de l'opération, quelqu'un de la bande suggéra l'idée de plumes ; mais elle fut d'abord rejetée par le nain, qui convainquit bien vite les huit personnages, par une démonstration oculaire, que le poil d'un animal tel que l'orang-outang était bien plus fidèlement représenté par du lin. En conséquence, on en étala une couche épaisse par-dessus la couche de goudron. On se procura alors une longue chaîne. D'abord on la passa autour de la taille du roi, *et on l'y assujettit ;* puis autour d'un autre individu de la bande, et on l'y assujettit également ; puis, successivement autour de chacun et de la même manière. Quand tout cet arrangement de chaîne fut achevé, en s'écartant l'un de l'autre aussi loin que possible, ils formèrent un cercle : et, pour achever la vraisemblance, Hop-Frog fit passer le reste de la chaîne à travers le cercle, en deux diamètres à angles droits, d'après la méthode adoptée aujourd'hui par les chasseurs de Bornéo qui prennent des chimpanzés ou d'autres grosses espèces.

La grande salle dans laquelle le bal devait avoir lieu était une pièce circulaire, très-élevée, et recevant la lumière du soleil par une fenêtre unique, au plafond. La nuit (c'était le temps où cette salle trouvait sa destination spéciale), elle était principalement éclairée par un vaste lustre, suspendu par une chaîne au centre du châssis, et qui s'élevait ou s'abaissait au moyen d'un contre-poids ordinaire ; mais, pour ne pas nuire à l'élégance, ce dernier passait en dehors de la coupole et par-dessus le toit.

La décoration de la salle avait été abandonnée à la surveillance de Tripetta ; mais dans quelques détails, elle avait probablement été guidée par le calme jugement de son ami le nain. C'était d'après son conseil que, pour cette occasion, le lustre avait été enlevé. L'écoulement de la cire, qu'il eût été impossible d'empêcher dans une atmosphère aussi chaude, aurait causé un sérieux dommage aux riches toilettes des invités, qui, vu l'encombrement de la salle, n'auraient pas pu tous éviter le centre, c'est-à-dire la région du lustre. De nouveaux candélabres furent ajustés dans différentes parties de la salle, hors de l'espace rempli par la foule ; et un flambeau, d'où s'échappait un parfum agréable, fut placé dans la main droite de chacune des cariatides qui s'élevaient contre le mur, au nombre de cinquante ou soixante en tout.

Les huit orangs-outangs, prenant conseil de Hop-Frog, attendirent patiemment, pour faire leur entrée, que la salle fût complètement remplie de masques, c'est-à-dire jusqu'à minuit. Mais l'horloge avait à peine cessé de sonner, qu'ils se précipitèrent ou plutôt qu'ils roulèrent tous en masse, – car, empêchés comme ils étaient dans leurs chaînes, quelques-uns tombèrent et tous trébuchèrent en entrant.

La sensation parmi les masques fut prodigieuse et remplit de joie le cœur du roi. Comme on s'y attendait, le nombre des invités fut grand, qui supposèrent que ces êtres de mine féroce étaient de véritables bêtes d'une certaine espèce, sinon précisément des orangs-outangs. Plusieurs femmes s'évanouirent de frayeur ; et, si le roi n'avait pas pris la précaution d'interdire toutes les armes, lui et sa bande auraient pu payer leur plaisanterie de leur sang. Bref, ce fut une déroute générale vers les portes ; mais le roi avait donné l'ordre qu'on les fermât aussitôt après son entrée, et, d'après le conseil du nain, les clefs avaient été remises entre *ses* mains.

Pendant que le tumulte était à son comble et que chaque masque ne pensait qu'à son propre salut, – car, en somme, dans cette panique et cette cohue, il y avait un danger réel, – on aurait pu voir la chaîne qui servait à suspendre le lustre, et qui avait été également retirée, descendre jusqu'à ce que son extrémité recourbée en crochet fût arrivée à trois pieds du sol.

Peu d'instants après, le roi et ses sept amis, ayant roulé à travers la salle dans toutes les directions, se trouvèrent enfin au centre et en contact immédiat avec la chaîne. Pendant qu'ils étaient dans cette position, le nain, qui avait toujours marché sur leurs talons, les engageant à prendre garde à la commotion, se saisit de leur chaîne à l'intersection des deux parties diamétrales. Alors, avec la rapidité de la pensée, il y ajusta le crochet qui servait d'ordinaire à suspendre le lustre ; et en un instant, retirée comme par un agent invisible, la chaîne remonta assez haut pour mettre le crochet hors de toute portée, et conséquemment enleva les orangs-outangs tous ensemble les uns contre les autres, et face à face.

Les masques, pendant ce temps, étaient à peu près revenus de leur alarme ; et, comme ils commençaient à prendre tout cela pour une plaisanterie adroitement concertée, ils poussèrent un immense éclat de rire, en voyant la position des singes.

– Gardez-les-*moi !* – cria alors Hop-Frog ; et sa voix perçante se faisait entendre à travers le tumulte, – gardez-les-*moi*, je crois que je les connais, *moi*. Si je peux seulement les bien voir, *moi*, je vous dirai tout de suite qui ils sont.

Alors, chevauchant des pieds et des mains sur les têtes de la foule, il manœuvra de manière à atteindre le mur ; puis, arrachant un flambeau à l'une des cariatides, il retourna, comme il était venu, vers le centre de la salle, – bondit avec l'agilité d'un singe sur la tête du roi, – et grimpa de quelques pieds après la chaîne, – abaissant la torche pour examiner le groupe des orangs-outangs, et criant toujours : – Je découvrirai bien vite qui ils sont !

Et alors, pendant que toute l'assemblée – y compris les singes – se tordait de rire, le bouffon poussa soudainement un sifflement aigu ; la chaîne remonta vivement de trente pieds environ, – tirant avec elle les orangs-outangs terrifiés qui se débattaient, et les laissant suspendus en l'air entre le châssis et le plancher. Hop-Frog, cramponné à la chaîne, était remonté avec elle et gardait toujours sa position relativement aux huit masques, rabattant toujours sa torche vers eux, comme s'il s'efforçait de découvrir qui ils pouvaient être.

Toute l'assistance fut tellement stupéfiée par cette ascension, qu'il en résulta un silence profond, d'une minute environ. Mais il fut interrompu par un bruit sourd, une espèce de grincement rauque, comme celui qui avait déjà attiré l'attention du roi et de ses conseillers, quand celui-ci avait jeté le vin à la face de Tripetta. Mais, dans le cas présent, il n'y avait pas lieu de chercher d'où partait le bruit. Il jaillissait des dents du nain, qui faisait grincer ses crocs, comme s'il les broyait dans l'écume de sa bouche, et dardait des yeux étincelant d'une rage folle vers le roi et ses sept compagnons, dont les figures étaient tournées vers lui.

– Ah ! ah ! – dit enfin le nain furibond, – ah ! ah ! je commence à voir qui sont ces gens-là, maintenant !

Alors sous prétexte d'examiner le roi de plus près, il approcha le flambeau du vêtement de lin dont celui-ci était revêtu, et qui se fondit instantanément en une nappe de flamme éclatante. En moins d'une demi-minute, les huit orangs-outangs flambaient furieusement, au milieu des cris d'une multitude qui les contemplait d'en bas, frappée d'horreur, et impuissante à leur porter le plus léger secours.

A la longue, les flammes, jaillissant soudainement avec plus de violence, contraignirent le bouffon à grimper plus haut sur sa chaîne, hors de leur atteinte, et, pendant qu'il accomplissait cette manœuvre, la foule retomba, pour un instant encore, dans le silence. Le nain saisit l'occasion, et prit de nouveau la parole :

– Maintenant, – dit-il, – je vois *distinctement* de quelle espèce sont ces masques. Je vois un grand roi et ses sept conseillers privés, un roi qui ne se fait pas scrupule de frapper une fille sans défense, et ses sept conseillers qui l'encouragent dans son atrocité. Quant à moi, je suis simplement Hop-Frog, le bouffon, – et *ceci est ma dernière bouffonnerie !*

Grâce à l'extrême combustibilité du chanvre et du goudron auquel il était collé, le nain avait à peine fini sa courte harangue que l'œuvre de vengeance était accomplie. Les huit cadavres se balançaient sur leurs chaînes, – masse confuse, fétide, fuligineuse, hideuse. Le boiteux lança sa torche sur eux, grimpa tout à loisir vers le plafond, et disparut à travers le châssis

On suppose que Tripetta, en sentinelle sur le toit de la salle, avait servi de complice à son ami dans cette vengeance incendiaire, et qu'ils s'enfuirent ensemble vers leur pays ; car on ne les a jamais revus.

L'ANGE DU BIZARRE

C'était une froide après-midi de novembre. Je venais justement d'expédier un dîner plus solide qu'à l'ordinaire, dont la *truffe* dyspeptique ne faisait pas l'article le moins important, et j'étais seul, assis dans la salle à manger, les pieds sur le garde-feu et mon coude sur une petite table que j'avais roulée devant le feu, avec quelques bouteilles de vins de diverses sortes et de liqueurs spiritueuses.

Dans la matinée, j'avais lu le *Léonidas,* de Glover ; l'*Epigoniade,* de Wilkie ; le *Pèlerinage,* de Lamartine ; la *Colombiade,* de Barlow ; la *Sicile,* de Tuckermann, et les *Curiosités,* de Griswold[1], aussi, l'avouerai-je volontiers, je me sentais légèrement stupide. Je m'efforçai de me réveiller avec force verres de laffitte, et n'y pouvant réussir, de désespoir j'eus recours à un numéro de journal égaré près de moi. Ayant soigneusement lu la colonne des *maisons à louer,* et puis la colonne des *chiens perdus,* et puis les deux colonnes des *femmes et apprenties en fuite,* j'attaquai avec une vigoureuse résolution la partie éditoriale, et, l'ayant lue depuis le commencement jusqu'à la fin sans en comprendre une syllabe, il me vint à l'idée qu'elle pouvait bien être écrite en chinois ; et je la relus alors, depuis la fin jusqu'au commencement, mais sans obtenir un résultat plus satisfaisant. De dégoût, j'étais au moment de jeter

1. Sans doute le *Voyage en Orient.* (C.B.)

Cet in-folio de quatre pages, heureux ouvrage
Que la critique elle-même ne critique pas,

quand je sentis mon attention tant soit peu éveillée par le paragraphe suivant :

« Les routes qui conduisent à la mort sont nombreuses et étranges. Un journal de Londres mentionne le décès d'un homme dû à une cause singulière. Il jouait un jeu de *puff the dart,* qui se joue avec une longue aiguille, emmaillotée de laine, qu'on souffle contre une cible à travers un tube d'étain. Il plaça l'aiguille du mauvais côté du tube, et, ramassant fortement toute sa respiration pour chasser l'aiguille avec plus de vigueur, il l'attira dans son gosier. Celle-ci pénétra dans les poumons et tua l'imprudent en peu de jours. »

En voyant cela, j'entrai dans une immense rage, sans savoir exactement pourquoi.

« Cet article, m'écriai-je, est une méprisable fausseté, un pauvre canard ; c'est la lie de l'imagination de quelque pitoyable barbouilleur à un sou la ligne, de quelque misérable fabricant d'aventures au pays de Cocagne. Ces gaillards-là, connaissant la prodigieuse jobarderie du siècle, emploient tout leur esprit à imaginer des possibilités improbables, des *accidents bizarres,* comme ils les appellent ; mais, pour un esprit réfléchi (comme le mien, ajoutai-je en manière de parenthèse, appuyant, sans m'en apercevoir, mon index sur le côté de mon nez, pour une intelligence contemplative semblable à celle que je possède, il est évident, à première vue, que la merveilleuse et récente multiplication de ces accidents bizarres est de beaucoup le plus bizarre de tous. Pour ma part, je suis décidé à ne rien croire désormais de tout ce qui aura en soi quelque chose de singulier !

« Mein Gott ! vaut-il hêtre pette bur tire zela ! » – répondit une des plus remarquables voix que j'eusse jamais entendues.

D'abord, je la pris pour un bourdonnement dans mes oreilles, comme il en arrive quelquefois à un homme qui devient très-ivre ; mais, en y réfléchissant, je considérai le bruit comme ressemblant plutôt à celui qui sort d'un baril vide quand on le frappe avec un gros bâton ; et, en vérité, je m'en serais tenu à cette conclusion si ce n'eût été l'articulation des syllabes et des mots. Par tempérament, je ne suis nullement nerveux, et les quelques verres de laffitte que j'avais sirotés ne servaient pas peu à me donner du courage, de sorte que je n'éprouvai aucune trépidation ; mais je levai simplement les yeux à loisir, et je regardai soigneusement tout autour de la chambre pour découvrir l'intrus. Cependant, je ne vis absolument personne.

« Humph ! – reprit la voix, comme je continuais mon examen, – il vaut gué phus zoyez zou gomme ein borgue, bur ne bas me phoir gand che zuiz aziz isi à godé de phus. »

A ce coup, je m'avisai de regarder directement devant mon nez ; et là effectivement, m'affrontant presque, était installé près de la table un personnage, non encore décrit, quoique non absolument indescriptible. Son corps était une pipe de vin, ou une pièce de rhum, ou quelque chose analogue, et avait une apparence véritablement falstaffienne. A son extrémité inférieure étaient ajustées deux caques qui semblaient remplir l'office de jambes. Au lieu de bras, pendillaient de la partie supérieure de la carcasse deux bouteilles passablement longues, dont les goulots figuraient les mains.

En fait de tête, tout ce que le monstre possédait était une de ces cantines de Hesse, qui ressemblent à de vastes tabatières, avec un trou dans le milieu du couvercle. Cette cantine (surmontée d'un entonnoir à son sommet, comme d'un chapeau de cavalier rabattu sur les yeux) était posée de champ sur le tonneau, le trou étant tourné de mon côté ; et, par ce trou qui semblait grimaçant et ridé comme la bouche d'une vieille fille très-cérémonieuse, la créature émettait de certains bruits sourds et grondants qu'elle donnait évidemment pour un langage intelligible.

« Che tis, – disait-elle, – gu'y vaut gue phus zoyez zou gomme ein borgue, bur hêtre azis là, et ne bas me phoir gand che zuiz azis isi, et che tis ozi qu'il vaut gue phus zoyez eine pette blis grose gu'ine hoie bur ne bas groire se gui hait imbrimé tans l'imbrimé. C'est la phéridé, la phéridé, mot bur mot.

– Qui êtes-vous, je vous prie ? – dis-je avec beaucoup de dignité, quoique un peu démonté ; – comment êtes-vous entré ici ? et qu'est-ce que vous débitez là ?

– Gomment che zuis handré, – répliqua le monstre, – za ne phus recarte bas, et gand à ze gue che tépide, che tépide ze gue che rouffe pon te tépider ; et, gand à ze gue che zuis, ché zuis chistement phenu bur gue phus le phoyiez bar phus-memme.

– Vous êtes un misérable ivrogne, – dis-je et je vais sonner et ordonner à mon valet de chambre de vous jeter à coups de pieds dans la rue.

– Hi ! hi ! hi ! – répondit le drôle, – hu ! hu ! hu ! bur za, phus ne le buphez pas !

– Je ne puis pas ! – dis-je, que voulez-vous dire ? Je ne puis pas quoi ?

– Zauner la glauje », – répliqua-t-il en essayant une grimace avec sa hideuse petite bouche.

Là-dessus, je fis un effort pour me lever, dans le but de mettre ma menace à exécution ; mais le brigand se pencha à travers la table, et, m'ajustant un coup sur le front avec le goulot d'une de ses longues bouteilles, me renvoya dans le fond du fauteuil, d'où je m'étais à moitié soulevé. J'étais absolument étourdi, et, pendant un moment, je ne sus quel parti prendre. Lui, cependant, continuait son discours :

« Phus phoyez – dit-il, – gue le mié hait de phus dénir dranguille ; et maindenant phus zaurez gui che zuis. Recartez-moâ ! che zuis l'*Anche ti Pizarre*.

– Assez bizarre, en effet, – me hasardai-je à répliquer ; – mais je m'étais toujours figuré qu'un ange devait avoir des ailes.

– Tes elles ! – s'écria-t-il grandement courroucé. – Gu'aiche avaire t'elles ? Me brenez-phus bur ein boulet ?

– Non ! oh non ! – répondis-je très-alarmé, – vous n'êtes pas un poulet ; non certainement.

– A la ponne heire ! Denez-phus dranguille et gombordez-phus pien, hu che phus paderai engore affec mon boing. Z'est le boulet gui ha tes elles, et l'ipou gui ha tes elles, et le témon qui ha tes elles, et le cran tiable qui ha tes elles. L'anche, il n'a bas t'elles, et che zuis l'*Anche ti Pizarre*.

– Et cette affaire pour laquelle vous venez, c'est... c'est... ?

– Zette avaire ! – s'écria l'horrible objet ; – oh ! guelle phile esbesse de vaguin mal ellefé haites-phus tongue, bur temanter à ein tchintlemane et à ein anche z'il vait tes avaires ? »

Ce langage dépassait tout ce que je pouvais supporter, même de la part d'un ange ; aussi ramassant mon courage, je saisis une salière qui se trouvait à ma portée, et je la lançai à la tête de l'intrus. Mais il évita le coup, ou je le visai mal ; car je ne réussis qu'à démolir le verre qui protégeait le cadran de la pendule placée sur la cheminée. Quant à l'Ange, il comprit mon intention, et répondit à mon attaque par deux ou trois vigoureux coups qu'il m'assena consécutivement sur le front comme il avait déjà fait. Ce traitement me réduisit tout de suite à la soumission, et je suis presque honteux d'avouer que, soit douleur, soit humiliation, il me vint quelques larmes dans les yeux.

« Mein Gott ! – dit l'Ange du Bizarre, en apparence très-radouci par le spectacle de ma détresse, – le boffre omme hait drès-iffre ou drès-avliché. Il ne vaut bas poire zeg gomme za ; il vaut meddre te l'eau tans fodre phin. Denez, puffez-moi za, puffez za, gomme un carzon pien zache et ne blérez blis maindenant, endentez-phus ! »

Alors, l'Ange du Bizarre remplit mon verre (qui, jusqu'au tiers seulement contenait du porto) d'un fluide incolore qu'il répandit d'un de ses bras. J'observai que les bouteilles qui lui servaient de bras avaient autour du col des étiquettes, et que ces étiquettes portaient l'inscription *Kirschenwasser*.

La bonté attentive de l'Ange m'apaisa considérablement, et, soulagé par l'*eau* avec laquelle il avait, à diverses reprises, coupé mon vin, je retrouvai enfin le calme suffisant pour écouter son très-extraordinaire discours. Je ne prétends pas relater tout ce qu'il me dit ; mais ce que j'en retins en substance, c'est qu'il était le génie qui présidait aux *contre-temps* dans l'humanité, et que sa fonction était d'amener ces *accidents bizarres,* qui étonnent continuellement les sceptiques. Une ou deux fois, comme je me hasardais à exprimer ma totale incrédulité relativement à ses prétentions, il se fâcha tout rouge, si bien qu'à la fin je considérai comme la politique la plus sage de ne rien dire du tout et de le laisser aller son train.

Il parla donc tout à son aise pendant que je restais étendu dans mon fauteuil, les yeux fermés, et que je m'amusais à mâcher des raisins et à chiquenauder les queues à travers la chambre. Mais l'Ange, cependant, interpréta cette conduite de ma part comme un signe de mépris. Il se leva dans un effroyable courroux, rabattit complètement son entonnoir sur ses yeux, lâcha un vaste juron, articula une menace dont je ne saisis pas le caractère précis, et finalement me fit un profond salut d'adieu en me souhaitant, à la manière de l'archevêque de Gil Blas, *beaucoup de bonheur et un peu plus de bon sens*.

Son départ fut pour moi un bon débarras. Les *quelques* verres de laffitte que j'avais bus à petits coups, avaient eu pour effet de m'assoupir, et je sentis l'envie de faire une sieste de quinze ou vingt minutes, comme c'est ma coutume après le dîner. J'avais à six heures un rendez-vous important auquel je devais être absolument exact. Ma police d'assurance pour mon habitation était expirée depuis le jour précédent, et, une difficulté s'étant élevée, il avait été convenu qu'à six heures je me présenterais devant le conseil des directeurs de la compagnie pour arrêter les termes d'un renouvellement. Jetant un coup d'œil sur la pendule de la cheminée (car je me sentais trop assoupi pour tirer ma montre), j'eus le plaisir de voir que j'avais encore vingt minutes à moi.

Il était cinq heures et demie ; je pouvais aisément me rendre au bureau d'assurances en cinq minutes, et ma sieste habituelle n'avait jamais dépassé vingt-cinq minutes. Je me sentis donc suffisamment rassuré, et je m'arrangeai tout de suite pour faire mon somme.

Quand j'eus fini, à ma grande satisfaction, et que je me réveillai, je regardai de nouveau l'horloge et je fus à moitié disposé à croire à la possibilité des accidents bizarres en voyant qu'au lieu de mes quinze ou vingt minutes habituelles, je n'en avais dormi que trois. Je repris donc ma sieste, et, enfin, m'éveillant une seconde fois, je vis avec un immense étonnement qu'il était toujours six heures moins vingt-sept minutes.

Je sautai sur mes pieds pour examiner la pendule, et je

m'aperçus qu'elle s'était arrêtée. Ma montre m'informa qu'il était sept heures et demie ; j'avais donc dormi deux heures, et mon rendez-vous était manqué.

« Rien n'est perdu, – me dis-je, – j'irai au bureau dans la matinée, et je m'excuserai. Cependant, que peut-il être arrivé à la pendule ? »

En l'examinant, je découvris qu'une des queues de raisin que je lançais à travers la chambre, pendant que l'Ange du Bizarre me faisait son discours, avait passé à travers le verre brisé et s'était logée, assez singulièrement, dans le trou de la clef ; se projetant en dehors par un bout, elle avait ainsi arrêté la révolution de la petite aiguille.

« Ah ! – dis-je, – je vois ce que c'est ; cela saute aux yeux. Accident naturel, comme il doit en arriver de temps à autre ! »

Je ne m'occupai pas davantage de la chose ; et à mon heure accoutumée, je me mis au lit. Ayant placé une bougie sur une tablette, au chevet de mon lit, je fis un effort pour lire quelques pages de l'*Omniprésence de la Divinité*, et je m'endormis malheureusement en moins de vingt secondes, laissant le flambeau allumé à la même place.

Mes rêves furent terriblement troublés par les apparitions de l'Ange du Bizarre. Il me sembla qu'il se tenait au pied de ma couche, qu'il tirait les rideaux, et qu'avec le son caverneux, abominable, d'un tonneau de rhum, il me menaçait de la plus amère vengeance pour le mépris que j'avais fait de lui. Il finit sa longue harangue en ôtant son chapeau-entonnoir, et, me fourrant le tuyau dans le gosier, il m'inonda d'un océan de kirschenwasser qu'il répandait à flots continus d'une de ces bouteilles à long col qui lui servaient de bras. A la longue, mon agonie devint intolérable, et je m'éveillai juste à temps pour m'apercevoir qu'un rat se sauvait avec la bougie allumée enlevée de sa tablette, mais pas assez tôt malheureusement pour l'empêcher de regagner son trou avec sa dangereuse proie. Bientôt je sentis mes narines assaillies par une odeur forte et suffocante ; la maison, je m'en apercevais bien, était en feu.

En quelques minutes, l'incendie éclata avec violence, et, dans un espace de temps incroyablement court, tout le bâtiment fut enveloppé de flammes. Toute issue de ma chambre, excepté la fenêtre, se trouvait coupée. La foule, cependant, se procura vivement une longue échelle et la dressa. Grâce à ce moyen, je descendais rapidement, et je pouvais me croire sauvé, quand un énorme pourceau, dont la vaste panse et même toute la physionomie me rappelaient en quelque sorte l'Ange du Bizarre, – quand ce pourceau, dis-je, qui jusqu'alors avait paisiblement sommeillé dans la boue, se fourra dans la tête que son épaule gauche avait besoin d'être grattée et ne pouvait pas trouver de grattoir plus convenable que le pied de l'échelle. En un instant je fus précipité sur le pavé, et j'eus le malheur de me casser le bras.

Cet accident, joint à la perte de mon assurance et à la perte plus grave de mes cheveux, qui avaient été totalement flambés, disposa mon esprit aux impressions sérieuses si bien que finalement je résolus de me marier.

Il y avait une riche veuve qui pleurait encore la perte de son septième mari, et j'offris à son âme ulcérée le baume de mes vœux. Elle accorda, non sans résistance, son consentement à mes prières. Je m'agenouillai à ses pieds, plein de gratitude et d'adoration. Elle rougit et inclina vers moi ses boucles luxuriantes jusqu'à les mettre en contact avec celles que l'art de Grandjean m'avait fournies pour suppléer temporairement ma chevelure absente. Je ne sais comment se fit l'accrochement, mais il eut lieu. Je me relevai sans perruque, avec un crâne brillant comme une boule ; elle, pleine de mépris et de rage, à moitié ensevelie dans une chevelure étrangère. Ainsi prirent fin mes espérances relativement à la veuve, par un accident que certainement je ne pouvais pas prévoir, mais qui n'était que la conséquence naturelle des événements.

Sans désespérer, toutefois, j'entrepris le siège d'un cœur moins implacable. Cette fois encore, les destins me furent pendant quelque temps propices ; cette fois encore, un accident trivial en interrompit le cours. Rencontrant ma fiancée dans une maison où se pressait *l'élite* de la cité, je me hâtais pour la saluer d'un de mes saluts les plus respectueux, quand une molécule de je ne sais quelle matière étrangère, se logeant dans le coin de mon œil, me rendit, pour le moment, complètement aveugle. Avant que j'eusse pu recouvrer la vue, la dame de mon cœur avait disparu, irréparablement offensée de ce que j'étais passé à côté d'elle sans la saluer ; ce qu'il lui plut de considérer comme une grossièreté préméditée. Pendant que je restais sur place ébloui par la soudaineté de cet accident (qui aurait pu arriver à n'importe qui sous le soleil) et que ma cécité persistait, je fus accosté par l'Ange du Bizarre, qui m'offrit son secours avec une civilité à laquelle j'étais loin de m'attendre. Il examina mon œil malade avec beaucoup de douceur et d'adresse, m'informa que j'avais une goutte dans l'œil et (de quelque nature que fût cette goutte) l'enleva, me procurant ainsi un grand soulagement.

Je réfléchis alors qu'il était pour moi grandement temps de mourir, puisque la fortune avait juré de me persécuter, et je me dirigeai en conséquence vers la rivière la plus prochaine. Là, me débarrassant de mes habits (car aucune raison ne s'oppose à ce que nous mourions comme nous sommes nés), je me jetai la tête la première dans le courant. Le seul témoin de ma destinée était une corneille solitaire, qui, ayant été séduite par du grain mouillé d'eau-de-vie, s'était enivrée et avait abandonné le reste de la troupe.

A peine étais-je entré dans l'eau, que cet oiseau s'avisa de s'enfuir avec la partie la plus indispensable de mon costume. C'est pourquoi, remettant pour le moment mon projet de suicide, je glissai tant bien que mal mes membres inférieurs dans les manches de mon habit, et me mis à la poursuite de la coupable avec toute l'agilité que réclamait le cas et que me permettaient les circonstances.

Mais la mauvaise destinée m'accompagnait toujours. Comme je courais à grande vitesse, le nez en l'air et ne m'occupant que du ravisseur de ma propriété, je m'aperçus subitement que mes pieds ne touchaient plus la terre ferme ; le fait est que je m'étais jeté dans un précipice, et que j'aurais été infailliblement brisé en morceaux, si, pour mon bonheur, je n'avais saisi une corde suspendue à un ballon qui passait par là.

Aussitôt que j'eus suffisamment recouvré mes sens pour comprendre la terrible position dans laquelle j'étais situé (ou plutôt suspendu), je déployai toute la force de mes poumons pour faire connaître cette position à l'aéronaute placé au-dessus de moi. Mais pendant longtemps je m'époumonai en vain. Ou l'imbécile ne pouvait pas me voir, ou méchamment il ne le voulait pas. Cependant, la machine s'élevait rapidement, pendant que mes forces s'épuisaient plus rapidement encore.

Je fus bientôt au moment de me résigner à mon destin et de me laisser tomber tranquillement dans la mer, quand tous mes esprits furent soudainement ravisés par le son d'une voix caverneuse qui partait d'en haut et qui semblait bourdonner nonchalamment un air d'opéra. Levant les yeux, j'aperçus l'Ange du Bizarre. Il s'appuyait, les bras croisés, sur le bord de la nacelle, avec une pipe à la bouche, dont il soufflait paisiblement les bouffées, et il semblait être dans les meilleurs termes avec lui-même et avec l'univers.

J'étais trop épuisé pour parler, de sorte que je continuai à le regarder avec un air suppliant.

Pendant quelques instants, bien qu'il me regardât en plein visage, il ne dit pas un mot. Enfin, faisant passer soigneusement son écume de mer du coin droit de sa bouche vers le gauche, il consentit à parler.

« Gui haites-phus ? – demanda-t-il, – et bar le tiable, gue vaites-phus là ? »

A ce trait suprême d'impudence, de cruauté et d'affectation, je pus à peine répondre par quelques cris :

« Au secours ! servez-moi [1] dans ma détresse !

– Phus zerphir ! – répond le brigand ; – bas môa ! phoisi la pudeye : zerphez-phus phus-memme, et gue le tiaple phus emborde ! »

Et avec ces paroles il lâcha une grosse bouteille de kirschenwasser qui, tombant précisément sur le sommet de ma tête, me donna à croire que ma cervelle avait sauté en éclats. Frappé de cette idée, j'étais au moment de lâcher prise et de rendre l'âme de bonne grâce, quand je fus arrêté par le cri de l'Ange, qui me commandait de tenir bon.

« Denez pon ! – disait-il, – ne phus braisez bas, ententez-phus ? Phulez-phus brantre engore l'audre pudeye ou pien haides-phus tékrissé et reffenu à phus-memme ? »

Je me dépêchai de secouer deux fois la tête, une fois dans le sens négatif, voulant dire que je préférais pour le moment ne pas prendre l'autre bouteille, et une fois dans le sens affirmatif, signifiant que je n'étais pas ivre et que j'étais positivement revenu à moi-même. Par ce moyen, je parvins un peu à adoucir l'Ange.

1. J'ai été obligé d'allonger la phrase, pour obtenir à peu près le jeu de mots anglais, le même mot signifiant également *au secours* et *servez-moi*. (C. B.)

« Et maindenant, – me demanda-t-il, – phus groyez envin ? phus groyez à la bossipilidé ti pizarre ? »

Je fis avec ma tête un nouveau signe d'assentiment.

« Et phus groyez en moâ l'Anche ti Pizarre ? »

Nouveau Oui ! avec ma tête.

« Et phus regonaizez que phus haites ine iphrogne apheukle et ine pette ? »

Je fis encore : Oui !

« Médez tongue fodre main troide tans la bauge coge te fodre gulode, in démoignache te fodre barvède zumizion à l'Anche ti Pizarre. »

Cette condition, pour des raisons bien évidentes, me parut impossible à remplir. D'abord mon bras gauche ayant été cassé dans ma chute du haut de l'échelle, si j'avais lâché prise de ma droite, j'aurais tout à fait dégringolé. En second lieu, je n'avais plus de culotte depuis que je courais après la corneille. Je fus donc obligé, à mon grand regret, de secouer ma tête dans le sens négatif, voulant par là faire entendre à l'Ange que je trouvais incommode, en ce moment précis, de satisfaire à sa demande, si raisonnable qu'elle fût d'ailleurs ! Cependant, à peine avais-je cessé de secouer la tête que l'Ange du Bizarre se mit à rugir : « Hallez tongue au tiaple ! »

En prononçant ces mots, avec un couteau bien affilé il coupa la corde à laquelle j'étais suspendu, et, comme il se trouva par hasard que nous passions juste au-dessus de ma maison (qui pendant mes pérégrinations avait été très-convenablement rebâtie), j'eus le bonheur de dégringoler la tête la première par la grande cheminée et de m'abattre dans le foyer de ma salle à manger.

En recouvrant mes sens, (car la chute m'avait entièrement étourdi), je m'aperçus qu'il était environ quatre heures du matin. J'étais étendu à l'endroit même où le ballon m'avait laissé tomber. Ma tête traînait dans les cendres d'un feu mal éteint, pendant que mes pieds reposaient sur le naufrage d'une petite table renversée, parmi les débris d'un dessert varié, y compris un journal, quelques verres brisés, des bouteilles fracassées et une cruche vide de kirschenwasser et de schiedam. Ainsi s'était vengé l'Ange du Bizarre.

LA BARRIQUE D'AMONTILLADO

J'avais supporté du mieux que j'avais pu les mille injustices de Fortunato ; mais, quand il en vint à l'insulte, je jurai de me venger. Vous cependant, qui connaissez bien la nature de mon âme, vous ne supposerez pas que j'aie articulé une seule menace. A la longue, je devais être vengé ; c'était un point définitivement arrêté ; – mais la perfection même de ma résolution excluait toute idée de péril. Je devais non-seulement punir, mais punir impunément. Une injure n'est pas redressée quand le châtiment atteint le redresseur ; elle n'est pas non plus redressée quand le vengeur n'a pas soin de se faire connaître à celui qui a commis l'injure.

Il faut qu'on sache que je n'avais donné à Fortunato aucune raison de douter de ma bienveillance, ni par mes paroles, ni par mes actions. Je continuai, selon mon habitude, à lui sourire en face, et il ne devinait pas que mon sourire désormais ne traduisait que la pensée de son immolation.

Il avait un côté faible – ce Fortunato, – bien qu'il fût à tous autres égards un homme à respecter, et même à craindre. Il se faisait gloire d'être connaisseur en vins. Peu d'Italiens ont le véritable esprit de connaisseur ; leur enthousiasme est la plupart du temps emprunté, accommodé au temps et à l'occasion ; c'est un charlatanisme pour agir sur les millionnaires anglais et autrichiens. En fait de peintures et de pierres précieuses, Fortunato, comme ses compatriotes, était un charlatan ; mais, en matière de vieux vins, il était sincère. A cet égard, je ne différais pas essentiellement de lui ; j'étais moi-même très-entendu dans les crus italiens, et j'en achetais considérablement toutes les fois que je le pouvais.

Un soir, à la brune, au fort de la folie du carnaval, je rencontrai mon ami. Il m'accosta avec une très-chaude cordialité, car il avait beaucoup bu. Mon homme était déguisé. Il portait un vêtement collant et mi-parti, et sa tête était surmontée d'un bonnet conique avec des sonnettes. J'étais si heureux de le voir, que je crus que je ne finirai jamais de lui pétrir la main. Je lui dis :

– Mon cher Fortunato, je vous rencontre à propos. Quelle excellente mine vous avez aujourd'hui ! – Mais j'ai reçu une pipe d'amontillado, ou du moins d'un vin qu'on me donne pour tel, et j'ai des doutes.

– Comment, – dit-il, – de l'amontillado ? Une pipe ? Pas possible ! – Et au milieu du carnaval !

– J'ai des doutes, – répliquai-je, – et j'ai été assez bête pour payer le prix total de l'amontillado sans vous consulter. On n'a pas pu vous trouver, et je tremblais de manquer une occasion.

– De l'amontillado !

– J'ai des doutes.

– De l'amontillado !

– Et je veux les tirer au clair.

– De l'amontillado !

– Puisque vous êtes invité quelque part, je vais chercher Luchesi. Si quelqu'un a le sens critique, c'est lui. Il me dira...

– Luchesi est incapable de distinguer l'amontillado du xérès.

– Et cependant, il y a des imbéciles qui tiennent que son goût est égal au vôtre.

– Venez, allons !

– Où ?

– A vos caves.

– Mon ami, non ; je ne veux pas abuser de votre bonté. Je vois que vous êtes invité. Luchesi...

– Je ne suis pas invité ; – partons !

– Mon ami, non. Ce n'est pas la question de l'invitation, mais c'est le cruel froid dont je m'aperçois que vous souffrez. Les caves sont insupportablement humides ; elles sont tapissées de nitre.

– N'importe, allons ! Le froid n'est absolument rien. De l'amontillado ! On vous en a imposé. – Et, quant à Luchesi, il est incapable de distinguer le xérès de l'amontillado.

En parlant ainsi, Fortunato s'empara de mon bras. Je mis un masque de soie noire, et, m'enveloppant soigneusement d'un manteau, je me laissai traîner par lui jusqu'à mon palais.

Il n'y avait pas de domestiques à la maison ; ils s'étaient cachés pour faire ripaille en l'honneur de la saison. Je leur avais dit que je ne rentrerais pas avant le matin, et je leur avais donné l'ordre formel de ne pas bouger de la maison. Cet ordre suffisait, je le savais bien, pour qu'ils décampassent en toute hâte, tous, jusqu'au dernier, aussitôt que j'aurais tourné le dos.

Je pris deux flambeaux à la glace, j'en donnai un à Fortunato, et je le dirigeai complaisamment, à travers une enfilade de pièces, jusqu'au vestibule qui conduisait aux caves. Je descendis devant lui un long et tortueux escalier, me retournant et lui recommandant de prendre bien garde. Nous atteignîmes enfin les derniers degrés, et nous nous trouvâmes ensemble sur le sol humide des catacombes des Montrésors.

La démarche de mon ami était chancelante, et les clochettes de son bonnet cliquetaient à chacune de ses enjambées.

– La pipe d'amontillado ? – dit-il.

– C'est plus loin, – dis-je ; – mais observez cette broderie blanche qui étincelle sur les murs de ce caveau.

Il se retourna vers moi et me regarda dans les yeux avec deux globes vitreux qui distillaient les larmes de l'ivresse.

– Le nitre ? – demanda-t-il à la fin.

– Le nitre, – répliquai-je. – Depuis combien de temps avez-vous attrapé cette toux ?

– Euh ! euh ! euh ! – euh ! euh ! euh ! – euh ! euh ! euh ! – euh ! ! !

Il fut impossible à mon pauvre ami de répondre avant quelques minutes.

– Ce n'est rien, – dit-il enfin.

– Venez, – dis-je avec fermeté, – allons-nous-en ; votre santé est précieuse. Vous êtes riche, respecté, admiré, aimé ; vous êtes heureux, comme je le fus autrefois ; vous êtes un homme qui laisserait un vide. Pour moi, ce n'est pas la même chose. Allons-nous-en ; vous vous rendrez malade. D'ailleurs, il y a Luchesi...

– Assez, – dit-il ; – la toux, ce n'est rien. Cela ne me tuera pas. Je ne mourrai pas d'un rhume.

– C'est vrai, – c'est vrai, – répliquai-je, – et, en vérité, je n'avais pas l'intention de vous alarmer inutilement ; – mais vous devriez prendre des précautions. Un coup de ce médoc vous défendra contre l'humidité.

Ici, j'enlevai une bouteille à une longue rangée de ses compagnes qui étaient couchées par terre, et je fis sauter le goulot.

– Buvez, – dis-je, en lui présentant le vin.

Il porta la bouteille à ses lèvres, en me regardant du coin

de l'œil. Il fit une pause, me salua familièrement (les grelots sonnèrent), et dit :

– Je bois aux défunts qui reposent autour de nous !

– Et moi, à votre longue vie !

Il reprit mon bras, et nous nous remîmes en route.

– Ces caveaux, – dit-il, – sont très-vastes.

– Les Montrésors, – répliquai-je, – étaient une grande et nombreuse famille.

– J'ai oublié vos armes.

– Un grand pied d'or sur champ d'azur ; le pied écrase un serpent rampant dont les dents s'enfoncent dans le talon.

– Et la devise ?

– *Nemo me impune lacessit.*

– Fort beau ! – dit-il.

Le vin étincelait dans ses yeux, et les sonnettes tintaient. Le médoc m'avait aussi échauffé les idées. Nous étions arrivés, à travers des murailles d'ossements empilés, entremêlés de barriques et de pièces de vin, aux dernières profondeurs des catacombes. Je m'arrêtai de nouveau, et, cette fois, je pris la liberté de saisir Fortunato par un bras, au-dessus du coude.

– Le nitre ! – dis-je ; – voyez, cela augmente. Il pend comme de la mousse le long des voûtes. Nous sommes sous le lit de la rivière. Les gouttes d'humidité filtrent à travers les ossements. Venez, partons, avant qu'il soit trop tard. Votre toux...

– Ce n'est rien, – dit-il, – continuons. Mais, d'abord, encore un coup de ce médoc.

Je cassai un flacon de vin de Grave, et je le lui tendis. Il le vida d'un trait. Ses yeux brillèrent d'un feu ardent. Il se mit à rire, et jeta la bouteille en l'air avec un geste que je ne pus pas comprendre.

Je le regardai avec surprise. Il répéta le mouvement, un mouvement grotesque.

– Vous ne comprenez pas ? – dit-il.

– Non, – répliquai-je.

– Alors, – vous n'êtes pas de la loge ?

– Comment ?

– Vous n'êtes pas maçon ?

– Si ! si ! – dis-je, – si ! si !

– Vous ? impossible ! vous maçon ?

– Oui, maçon, – répondis-je.

– Un signe ! – dit-il.

– Voici, – répliquai-je en tirant une truelle de dessous les plis de mon manteau.

– Vous voulez rire, – s'écria-t-il, – en reculant de quelques pas. Mais allons à l'amontillado.

– Soit, – dis-je en replaçant l'outil sous ma roquelaure et lui offrant de nouveau mon bras.

Il s'appuya lourdement dessus. Nous continuâmes notre route à la recherche de l'amontillado. Nous passâmes sous une rangée d'arceaux fort bas ; nous descendîmes, nous fîmes quelques pas, et, descendant encore, nous arrivâmes à une crypte profonde, où l'impureté de l'air faisait rougir plutôt que briller nos flambeaux.

Tout au fond de cette crypte, on en découvrait une autre moins spacieuse. Ses murs avaient été revêtus avec les débris humains empilés dans les caves au-dessus de nous, à la manière des grandes catacombes de Paris. Trois côtés de cette seconde crypte étaient encore décorés de cette façon. Du quatrième, les os avaient été arrachés et gisaient confusément sur le sol, formant en un point un rempart d'une certaine hauteur. Dans le mur, ainsi mis à nu par le déplacement des os, nous apercevions encore une autre niche, profonde de quatre pieds environ, large de trois, haute de six ou sept. Elle ne semblait pas avoir été construite pour un usage spécial, mais formait simplement l'intervalle entre deux des piliers énormes qui supportaient la voûte des catacombes, et s'appuyait à l'un des murs de granit massif qui délimitaient l'ensemble.

Ce fut en vain que Fortunato, élevant sa torche malade, s'efforça de scruter la profondeur de la niche. La lumière affaiblie ne nous permettait pas d'en apercevoir l'extrémité.

– Avancez, – dis-je, c'est là qu'est l'amontillado. Quant à Luchesi...

– C'est un être ignare ! – interrompit mon ami, prenant les devants et marchant tout de travers, pendant que je suivais sur ses talons.

En un instant, il avait atteint l'extrémité de la niche, et, trouvant sa marche arrêtée par le roc, il s'arrêta stupidement ébahi. Un moment après, je l'avais enchaîné au granit. Sur la paroi il y avait deux crampons de fer, à la distance d'environ deux pieds l'un de l'autre dans le sens horizontal. A l'un des deux était suspendue une courte chaîne, à l'autre un cadenas. Ayant jeté la chaîne autour de sa taille, l'assujettir fut une besogne de quelques secondes. Il était trop étonné pour résister. Je retirai la clef, et reculai de quelques pas hors de la niche.

– Passez votre main sur le mur, – dis-je ; – vous ne pouvez pas ne pas sentir le nitre. Vraiment, il est très-humide. Laissez-moi vous *supplier* une fois encore de vous en aller. – Non ? – Alors, il faut positivement que je vous quitte. Mais je vous rendrai d'abord tous les petits soins qui sont en mon pouvoir.

– L'amontillado ! – s'écria mon ami, qui n'était pas encore revenu de son étonnement.

– C'est vrai, – répliquai-je, l'amontillado.

Tout en prononçant ces mots, j'attaquais la pile d'ossements dont j'ai déjà parlé. Je les jetai de côté, et je découvris bientôt une bonne quantité de moellons et de mortier. Avec ces matériaux, et à l'aide de ma truelle, je commençai activement à murer l'entrée de la niche.

J'avais à peine établi la première assise de ma maçonnerie, que je découvris que l'ivresse de Fortunato était en grande partie dissipée. Le premier indice que j'en eus fut un cri sourd, un gémissement, qui sortit du fond de la niche. *Ce n'était pas le cri d'un homme ivre !* Puis il y eut un long et obstiné silence. Je posai la seconde rangée, puis la troisième, puis la quatrième ; et alors j'entendis les furieuses vibrations de la chaîne. Le bruit dura quelques minutes, pendant lesquelles, pour m'en délecter plus à l'aise, j'interrompis ma besogne et m'accroupis sur les ossements. A la fin, quand le tapage s'apaisa, je repris ma truelle et j'achevai sans interruption la cinquième, la sixième et la septième rangée. Le mur était alors presque à la hauteur de ma poitrine. Je fis une nouvelle pause, et, élevant les flambeaux au-dessus de la maçonnerie, je jetai quelques faibles rayons sur le personnage inclus.

Une suite de grands cris, de cris aigus, fit soudainement explosion du gosier de la figure enchaînée, et me rejeta pour ainsi dire violemment en arrière. Pendant un instant, j'hésitai, – je tremblai. Je tirai mon épée, et je commençai à fourrager à travers la niche ; mais un instant de réflexion suffit à me tranquilliser. Je posai la main sur la maçonnerie massive du caveau, et je fus tout à fait rassuré. Je me rapprochai du mur. Je répondis aux hurlements de mon homme. Je leur fis écho et accompagnement, – je les surpassai en volume et en force. Voilà comme je fis, et le braillard se tint tranquille.

Il était alors minuit, et ma tâche tirait à sa fin. J'avais complété ma huitième, ma neuvième et ma dixième rangée. J'avais achevé une partie de la onzième et dernière ; il ne restait plus qu'une seule pierre à ajuster et à plâtrer. Je la remuai avec effort ; je la plaçai à peu près dans la position voulue. Mais alors s'échappa de la niche un rire étouffé qui me fit dresser les cheveux sur la tête. A ce rire succéda une voix triste que je reconnus difficilement pour celle du noble Fortunato. La voix disait :

– Ha ! ha ! ha ! – Hé ! hé ! – Une très-bonne plaisanterie, en vérité ! – une excellente farce ! Nous en rirons de bon cœur au palais, – hé ! hé ! – de notre bon vin ! – hé ! hé ! hé !

– De l'amontillado ? – dis-je.

– Hé ! hé ! – hé ! hé ! – oui, de l'amontillado. Mais ne se fait-il pas tard ? Ne nous attendront-ils pas au palais, la signora Fortunato et les autres ? Allons-nous-en.

– Oui, – dis-je, – allons-nous-en.

– *Pour l'amour de Dieu, Montrésor !*

– Oui, – dis-je, – pour l'amour de Dieu !

Mais à ces mots point de réponse ; je tendis l'oreille en vain. Je m'impatientai. J'appelai très-haut :

– Fortunato !

Pas de réponse. J'appelai de nouveau :

– Fortunato !

Rien. – J'introduisis une torche à travers l'ouverture qui restait et la laissai tomber en dedans. Je ne reçus en manière de réplique qu'un cliquetis de sonnettes. Je me sentis mal au cœur, – sans doute par suite de l'humidité des catacombes. Je me hâtai de mettre fin à ma besogne. Je fis un effort, et j'ajustai la dernière pierre ; je la recouvris de mortier. Contre la nouvelle maçonnerie je rétablis l'ancien rempart d'ossements. Depuis un demi-siècle aucun mortel ne les a dérangés. *In pace requiescat !*

PETITE DISCUSSION AVEC UNE MOMIE

Le *symposium* de la soirée précédente avait un peu fatigué mes nerfs. J'avais une déplorable migraine et je tombais de sommeil. Au lieu de passer la soirée dehors, comme j'en avais le dessein, il me vint donc à l'esprit que je n'avais rien de plus sage à faire que de souper d'une bouchée, et de me mettre immédiatement au lit.

Un léger souper, naturellement. J'adore les rôties au fromage. En manger plus d'une livre à la fois, cela peut n'être pas toujours raisonnable. Toutefois, il ne peut pas y avoir d'objection matérielle au chiffre deux. Et, en réalité, entre deux et trois, il n'y a que la différence d'une simple unité. Je m'aventurai peut-être jusqu'à quatre. Ma femme tient pour cinq ; – mais évidemment elle a confondu deux choses bien distinctes. Le nombre abstrait cinq, je suis disposé à l'admettre ; mais, au point de vue concret, il se rapporte aux bouteilles de *Brown Stout,* sans l'assaisonnement duquel la rôtie au fromage est une chose à éviter.

Ayant ainsi achevé un frugal repas, et mis mon bonnet de nuit avec la sereine espérance d'en jouir jusqu'au lendemain midi au moins, je plaçai ma tête sur l'oreiller, et grâce à une excellente conscience, je tombai immédiatement dans un profond sommeil.

Mais quand les espérances de l'homme furent-elles remplies ? Je n'avais peut-être pas achevé mon troisième ronflement, quand une furieuse sonnerie retentit à la porte de la rue, et puis d'impatients coups de marteau me réveillèrent en sursaut. Une minute après, et comme je me frottais encore les yeux, ma femme me fourra sous le nez un billet de mon vieil ami le docteur Ponnonner. Il me disait :

« Venez me trouver et laissez tout, mon cher ami, aussitôt que vous aurez reçu ceci. Venez partager notre joie. A la fin, grâce à une opiniâtre diplomatie, j'ai arraché l'assentiment des directeurs du *City Museum* pour l'examen de ma momie, – vous savez de laquelle je veux parler. J'ai la permission de la démailloter, et même de l'ouvrir, si je le juge à propos. Quelques amis seulement, seront présents ; – vous en êtes, cela va sans dire. La momie est présentement chez moi, et nous commencerons à la dérouler à onze heures de la nuit.

» Tout à vous,

« PONNONNER. »

Avant d'arriver à la signature, je m'aperçus que j'étais aussi éveillé qu'un homme peut désirer de l'être. Je sautai de mon lit dans un état de délire, bousculant tout ce qui me tombait sous la main ; je m'habillai avec une prestesse vraiment miraculeuse, et je me dirigeai de toute ma vitesse vers la maison du docteur.

Là, je trouvai réunie une société très-animée. On m'avait attendu avec beaucoup d'impatience ; la momie était étendue sur la table à manger, et, au moment où j'entrai, l'examen était commencé.

Cette momie était une des deux qui furent rapportées, il y a quelques années, par le capitaine Arthur Sabretash, un cousin de Ponnonner. Il les avait prises dans une tombe près d'Eleithias, dans les montagnes de la Libye, à une distance considérable au-dessus de Thèbes sur le Nil. Sur ce point, les caveaux, quoique moins magnifiques que les sépultures de Thèbes, sont d'un plus haut intérêt, en ce qu'ils offrent de plus nombreuses *illustrations* de la vie privée des Égyptiens. La salle d'où avait été tiré notre échantillon passait pour très-riche en documents de cette nature ; – les murs étaient complètement recouverts de peintures à fresque et de bas-reliefs ; des statues, des vases et une mosaïque d'un dessin très-riche témoignaient de la puissante fortune des défunts.

Cette rareté avait été déposée au *Museum* exactement dans le même état où le capitaine Sabretash l'avait trouvée, c'est-à-dire qu'on avait laissé la bière intacte. Pendant huit ans, elle était restée ainsi exposée à la curiosité publique, quant à l'extérieur seulement. Nous avions donc la momie complète à notre disposition, et ceux qui savent combien il est rare de voir des antiquités arriver dans nos contrées sans être saccagées jugeront que nous avions de fortes raisons de nous féliciter de notre bonne fortune.

En approchant de la table, je vis une grande boîte, ou caisse, longue d'environ sept pieds, large de trois pieds peut-être, et d'une profondeur de deux pieds et demi. Elle était oblongue, – mais pas en forme de bière. Nous supposâmes d'abord que la matière était du bois de sycomore ; mais en l'entamant nous reconnûmes que c'était du carton, ou plus proprement, une pâte dure faite de papyrus. Elle était grossièrement décorée de peintures représentant des scènes funèbres et divers sujets lugubres, parmi lesquels serpentait un semis de caractères hiéroglyphiques, disposés en tous sens, qui signifiaient évidemment le nom du défunt. Par bonheur, M. Gliddon était de la partie, et il nous traduisit sans peine les signes, qui étaient simplement phonétiques et composaient le mot *Allamistakeo*.

Nous eûmes quelque peine à ouvrir cette boîte sans l'endommager ; mais, quand enfin nous y eûmes réussi, nous en trouvâmes une seconde, celle-ci en forme de bière, et d'une dimension beaucoup moins considérable que la caisse extérieure, mais lui ressemblant exactement sous tout autre rapport. L'intervalle entre les deux était comblé de résine, qui avait jusqu'à un certain point détérioré les couleurs de la boîte intérieure.

Après avoir ouvert celle-ci, – ce que nous fîmes très-aisément, – nous arrivâmes à une troisième, également en forme de bière, et ne différant en rien de la seconde, si ce n'est par la matière, qui était du cèdre et exhalait l'odeur fortement aromatique qui caractérise ce bois. Entre la seconde et la troisième caisse, il n'y avait pas d'intervalle, – celle-ci s'adaptant exactement à celle-là.

En défaisant la troisième caisse, nous découvrîmes enfin le corps, et nous l'enlevâmes. Nous nous attendions à le trouver enveloppé comme d'habitude de nombreux rubans, ou bandelettes de lin ; mais, au lieu de cela, nous trouvâmes une espèce de gaine, faite de papyrus, et revêtue d'une couche de plâtre grossièrement peinte et dorée. Les peintures représentaient des sujets ayant trait aux divers devoirs supposés de l'âme et à sa présentation à différentes divinités, puis de nombreuses figures humaines identiques, – sans doute des portraits des personnes embaumées. De la tête aux pieds s'étendait une inscription columnaire, ou verticale, en *hiéroglyphes phonétiques,* donnant de nouveau le nom et les titres du défunt et les noms et les titres de ses parents.

Autour du cou, que nous débarrassâmes du fourreau, était un collier de grains de verre cylindriques, de couleurs différentes, et disposés de manière à figurer des images de divinités, l'image du Scarabée, et d'autres, avec le globe ailé. La taille, dans sa partie la plus mince, était cerclée d'un collier ou ceinture semblable.

Ayant enlevé le papyrus, nous trouvâmes les chairs parfaitement conservées, et sans aucune odeur sensible. La couleur était rougeâtre ; la peau, ferme, lisse et brillante. Les dents et les cheveux paraissaient en bon état. Les yeux, à ce qu'il semblait, avaient été enlevés, et on leur avait substitué des yeux de verre, fort beaux et simulant merveilleusement la vie, sauf leur fixité un peu trop prononcée. Les doigts et les ongles étaient brillamment dorés.

De la couleur rougeâtre de l'épiderme, M. Gliddon inféra que l'embaumement avait été pratiqué uniquement par l'asphalte ; mais, ayant gratté la surface avec un instrument d'acier et jeté dans le feu les grains de poudre ainsi obtenus, nous sentîmes se dégager un parfum de camphre et d'autres gommes aromatiques.

Nous visitâmes soigneusement le corps pour trouver les incisions habituelles par où on extrait les entrailles ; mais, à notre grande surprise, nous n'en pûmes découvrir la trace. Aucune personne de la société ne savait alors qu'il n'est pas rare de trouver des momies entières et non incisées. Ordinairement, la cervelle se vidait par le nez ; les intestins, par une incision dans le flanc ; le corps était alors rasé, lavé et salé ; on le laissait ainsi reposer quelques semaines, puis commençait, à proprement parler, l'opération de l'embaumement.

Comme on ne pouvait trouver aucune trace d'ouverture, le docteur Ponnonner préparait ses instruments de dissection, quand je fis remarquer qu'il était déjà deux heures passées. Là-dessus, on s'accorda à renvoyer l'examen interne à la nuit suivante ; et nous étions au moment de nous séparer, quand quelqu'un lança l'idée d'une ou deux expériences avec la pile de Volta.

L'application de l'électricité à une momie vieille au moins de trois ou quatre mille ans était une idée, sinon très-sensée, du moins suffisamment originale, et nous la saisîmes au vol. Pour ce beau projet, dans lequel il entrait un dixième de sérieux et neuf bons dixièmes de plaisanterie, nous disposâmes une batterie dans le cabinet du docteur, et nous y transportâmes l'Égyptien.

Ce ne fut pas sans beaucoup de peine que nous réussîmes à mettre à nu une partie du muscle temporal, qui semblait être d'une rigidité moins marmoréenne que le reste du corps, mais qui naturellement, comme nous nous y attendions bien, ne donna aucun indice de susceptibilité galvanique quand on le mit en contact avec le fil. Ce premier essai nous parut décisif ; et, tout en riant de bon cœur de notre propre absurdité, nous nous souhaitions réciproquement une bonne nuit, quand mes yeux, tombant par hasard sur ceux de la momie, y restèrent immédiatement cloués d'étonnement. De fait, le premier coup d'œil m'avait suffi pour m'assurer que les globes, que nous avions tous supposés être de verre, et qui primitivement se distinguaient par une certaine fixité singulière, étaient maintenant si bien recouverts par les paupières, qu'une petite portion de la *tunica albuginea* restait seule visible.

Je poussai un cri, et j'attirai l'attention sur ce fait, qui devint immédiatement évident pour tout le monde.

Je ne dirai pas que j'étais *alarmé* par le phénomène, parce que le mot alarmé, dans mon cas, ne serait pas précisément le mot propre. Il aurait pu se faire toutefois que, sans ma provision de *Brown Stout*, je me sentisse légèrement ému. Quant aux autres personnes de la société, elles ne firent vraiment aucun effort pour cacher leur naïve terreur. Le docteur Ponnonner était un homme à faire pitié. M. Gliddon, par je ne sais quel procédé particulier, s'était rendu invisible. Je présume que M. Silk Buckingham n'aura pas l'audace de nier qu'il ne se soit fourré à quatre pattes sous la table.

Après le premier choc de l'étonnement, nous résolûmes, cela va sans dire, de tenter tout de suite une nouvelle expérience. Nos opérations furent alors dirigées contre le gros orteil du pied droit. Nous fîmes une incision au-dessus de la région de l'*os sesamoideum pollicis pedis*, et nous arrivâmes ainsi à la naissance du muscle *abductor*. Rajustant la batterie, nous appliquâmes de nouveau le fluide aux nerfs mis à nu, – quand, avec un mouvement plus vif que la vie elle-même, la momie retira son genou droit comme pour le rapprocher le plus possible de l'abdomen, puis, redressant le membre avec une force inconcevable, allongea au docteur Ponnonner une ruade qui eut pour effet de décocher ce gentleman, comme le projectile d'une catapulte, et de l'envoyer dans la rue à travers une fenêtre.

Nous nous précipitâmes en masse pour rapporter les débris mutilés de l'infortuné ; mais nous eûmes le bonheur de le rencontrer sur l'escalier, remontant avec une inconcevable diligence, bouillant de la plus grande ardeur philosophique, et plus que jamais frappé de la nécessité de poursuivre nos expériences avec rigueur et avec zèle.

Ce fut donc d'après son conseil que nous fîmes sur-le-champ une incision profonde dans le bout du nez du sujet ; et le docteur, y jetant des mains impétueuses, le fourra violemment en contact avec le fil métallique.

Moralement et physiquement, – métaphoriquement et littéralement, – l'effet fut *électrique*. D'abord le cadavre ouvrit les yeux et les cligna très-rapidement pendant quelques minutes, comme M. Barnes dans la pantomime ; puis il éternua ; en troisième lieu, il se dressa sur son séant ; en quatrième lieu, il mit son poing sous le nez du docteur Ponnonner ; enfin, se tournant vers MM. Gliddon et Buckingham, il leur adressa, dans l'égyptien le plus pur, le discours suivant :

– Je dois vous dire, gentlemen, que je suis aussi surpris que mortifié de votre conduite. Du docteur Ponnonner, je n'avais rien de mieux à attendre : c'est un pauvre petit gros sot qui ne sait rien de rien. J'ai pitié de lui et je lui pardonne.

Mais vous, monsieur Gliddon, – et vous, Silk, qui avez voyagé et résidé en Égypte, à ce point qu'on pourrait croire que vous êtes né sur nos terres, – vous, dis-je, qui avez tant vécu parmi nous, que vous parlez l'égyptien aussi bien, je crois, que vous écrivez votre langue maternelle, – vous que je m'étais accoutumé à regarder comme le plus ferme ami des momies, – j'attendais de vous une conduite plus courtoise. Que dois-je penser de votre impassible neutralité quand je suis traité aussi brutalement ? Que dois-je supposer, quand vous permettez à Pierre et à Paul de me dépouiller de mes bières et de mes vêtements sous cet affreux climat de glace ? A quel point de vue, pour en finir, dois-je considérer votre fait d'aider et d'encourager ce misérable petit drôle, ce docteur Ponnonner, à me tirer par le nez ?

On croira généralement, sans aucun doute, qu'en entendant un pareil discours, dans de telles circonstances, nous avons tous filé vers la porte, ou que nous sommes tombés dans de violentes attaques de nerfs, ou dans un évanouissement unanime. L'une de ces trois choses, dis-je, était probable. En vérité, chacune de ces trois lignes de conduite et toutes les trois étaient des plus légitimes. Et, sur ma parole, je ne puis comprendre comment il se fit que nous n'en suivîmes aucune. Mais, peut-être, la vraie raison doit-elle être cherchée dans l'esprit de ce siècle, qui procède entièrement par la loi des contraires, considérée aujourd'hui comme solution de toutes les antinomies et fusion de toutes les contradictions. Ou peut-être, après tout, était-ce seulement l'air excessivement naturel et familier de la momie qui enlevait à ses paroles toute puissance terrifique. Quoi qu'il en soit, les faits sont positifs, et pas un membre de la société ne trahit d'effroi bien caractérisé et ne parut croire qu'il ne se fût passé quelque chose de particulièrement irrégulier.

Pour ma part, j'étais convaincu que tout cela était fort

naturel, et je me rangeai simplement de côté, hors de la portée du poing de l'Égyptien. Le docteur Ponnonner fourra ses mains dans les poches de sa culotte, regarda la momie d'un air bourru, et devint excessivement rouge. M. Gliddon caressait ses favoris et redressait le col de sa chemise. M. Buckingham baissa la tête et mit son pouce droit dans le coin gauche de sa bouche.

L'Égyptien le regarda avec une physionomie sévère pendant quelques minutes, et à la longue lui dit avec un ricanement :

– Pourquoi ne parlez-vous pas, monsieur Buckingham ? Avez-vous entendu, oui ou non, ce que je vous ai demandé ? Voulez-vous bien ôter votre pouce de votre bouche !

Là-dessus, M. Buckingham fit un léger soubresaut, ôta son pouce droit du coin gauche de sa bouche, et, en manière de compensation, inséra son pouce gauche dans le coin droit de l'ouverture susdite.

Ne pouvant pas tirer une réponse de M. Buckingham, la momie se tourna avec humeur vers M. Gliddon, et lui demanda d'un ton péremptoire d'expliquer en gros ce que nous voulions tous.

M. Gliddon répliqua tout au long, en phonétique ; et, n'était l'absence de caractères *hiéroglyphiques* dans les imprimeries américaines, c'eût été pour moi un grand plaisir de transcrire intégralement et en langue originale son excellent speech.

Je saisirai cette occasion pour faire remarquer que toute la conversation subséquente à laquelle prit part la momie eut lieu en égyptien primitif, – MM. Gliddon et Buckingham servant d'interprètes pour moi et les autres personnes de la société qui n'avaient pas voyagé. Ces messieurs parlaient la langue maternelle de la momie avec une grâce et une abondance inimitables ; mais je ne pouvais pas m'empêcher de remarquer que les deux voyageurs, – sans doute à cause de l'introduction d'images entièrement modernes, et naturellement, tout à fait nouvelles pour l'étranger, – étaient quelquefois réduits à employer des formes sensibles pour traduire à cet esprit d'un autre âge un sens particulier. Il y eut un moment, par exemple, où M. Gliddon, ne pouvant pas faire comprendre à l'Égyptien le mot : *la Politique*, s'avisa heureusement de dessiner sur le mur, avec un morceau de charbon, un petit monsieur au nez bourgeonné, aux coudes troussés, grimpé sur un piédestal, la jambe gauche tendue en arrière, le bras droit projeté en avant, le poing fermé, les yeux convulsés vers le ciel, et la bouche ouverte sous un angle de 90 degrés.

De même, M. Buckingham n'aurait jamais réussi à lui traduire l'idée absolument moderne de *Whig* (perruque), si, à une suggestion du docteur Ponnonner, il n'était devenu très-pâle et n'avait consenti à ôter la sienne.

Il était tout naturel que le discours de M. Gliddon roulât principalement sur les immenses bénéfices que la science pouvait tirer du démaillotement et du déboyautement des momies ; moyen subtil de nous justifier de tous les dérangements que nous avions pu lui causer, à elle en particulier, momie nommée Allamistakeo ; il conclut en insinuant – car ce ne fut qu'une insinuation – que, puisque toutes ces petites questions étaient maintenant éclaircies, on pouvait aussi bien procéder à l'examen projeté. Ici, le docteur Ponnonner apprêta ses instruments.

Relativement aux dernières suggestions de l'orateur, il paraît qu'Allamistakeo avait certains scrupules de conscience, sur la nature desquels je n'ai pas été clairement renseigné ; mais il se montra satisfait de notre justification et, descendant de la table, donna à toute la compagnie des poignées de main à la ronde.

Quand cette cérémonie fut terminée, nous nous occupâmes immédiatement de réparer les dommages que le scalpel avait fait éprouver au sujet. Nous recousîmes la blessure de sa tempe, nous bandâmes son pied, et nous lui appliquâmes un pouce carré de taffetas noir sur le bout du nez.

On remarqua alors que le comte – tel était, à ce qu'il paraît, le titre d'Allamistakeo – éprouvait quelques légers frissons, – à cause du climat, sans aucun doute. Le docteur alla immédiatement à sa garde-robe, et revint bientôt avec un habit noir, de la meilleure coupe de Jennings, un pantalon de tartan bleu de ciel à sous-pieds, une chemise rose de Guingamp, un gilet de brocart à revers, un paletot-sac blanc, une canne à bec de corbin, un chapeau sans bords, des bottes en cuir breveté, des gants de chevreau couleur paille, un lorgnon, une paire de favoris et une cravate cascade. La différence de taille entre le comte et le docteur – la proportion étant comme deux à un – fut cause que nous eûmes quelque peu de mal à ajuster ces habillements à la personne de l'Égyptien ; mais, quand tout fut arrangé, au moins pouvait-il dire qu'il était bien mis. M. Gliddon lui donna donc le bras et le conduisit vers un bon fauteuil, en face du feu ; pendant ce temps-là, le docteur sonnait et demandait le vin et les cigares.

La conversation s'anima bientôt. On exprima, cela va sans dire, une grande curiosité relativement au fait quelque peu singulier d'Allamistakeo resté vivant.

– J'aurais pensé, – dit M. Buckingham, – qu'il y avait déjà beau temps que vous étiez mort.

– Comment ! – répliqua le comte très-étonné, je n'ai guère plus de sept cents ans ! Mon père en a vécu mille, et il ne radotait pas le moins du monde quand il est mort.

Il s'ensuivit une série étourdissante de questions et de calculs par lesquels on découvrit que l'antiquité de la momie avait été très-grossièrement estimée. Il y avait cinq mille cinquante ans et quelques mois qu'elle avait été déposée dans les catacombes d'Eleithias.

– Mais ma remarque, – reprit M. Buckingham, – n'avait pas trait à votre âge à l'époque de votre ensevelissement (je ne demande pas mieux que d'accorder que vous êtes encore un jeune homme), et j'entendais parler de l'immensité de temps pendant lequel, d'après votre propre explication, vous êtes resté confit dans l'asphalte.

– Dans quoi ? – dit le comte.

– Dans l'asphalte, – persista M. Buckingham.

– Ah ! oui ; j'ai comme une idée vague de ce que vous voulez dire ; – en effet, cela pourrait réussir, – mais, de mon temps, nous n'employions guère autre chose que le bichlorure de mercure.

– Mais ce qu'il nous est particulièrement impossible de comprendre, – dit le docteur Ponnonner, – c'est comment il se fait qu'étant mort et ayant été enseveli en Égypte, il y a cinq mille ans, vous soyez aujourd'hui parfaitement vivant, et avec un air de santé admirable.

– Si à cette époque j'étais *mort,* comme vous dites – répliqua le comte, – il est plus que probable que mort je serais resté ; car je m'aperçois que vous en êtes encore à l'enfance du galvanisme, et que vous ne pouvez pas accomplir par cet agent ce qui dans le vieux temps était chez nous chose vulgaire. Mais le fait est que j'étais tombé en catalepsie, et que mes meilleurs amis jugèrent que j'étais mort, ou que je devais être mort ; c'est pourquoi ils m'embaumèrent tout de suite. – Je présume que vous connaissez le principe capital de l'embaumement ?

– Mais pas le moins du monde.

– Ah ! je conçois ; – déplorable condition de l'ignorance ! Je ne puis donc pour le moment entrer dans aucun détail à ce sujet ; mais il est indispensable que je vous explique qu'en Égypte embaumer, à proprement parler, était suspendre indéfiniment toutes les fonctions animales soumises au procédé. Je me sers du terme *animal* dans son sens le plus large, comme impliquant l'être moral et vital aussi bien que l'être physique. Je répète que le premier principe de l'embaumement consistait, chez nous, à arrêter immédiatement et à tenir perpétuellement en suspens toutes les fonctions animales soumises au procédé. Enfin, pour être bref, dans quelque état que se trouvât l'individu à l'époque de l'embaumement, il restait dans cet état. Maintenant, comme j'ai le bonheur d'être du sang du Scarabée, je fus embaumé vivant, tel que vous me voyez présentement.

– Le sang du Scarabée ! – s'écria le docteur Ponnonner.

– Oui. Le Scarabée était l'emblème, les armes d'une famille patricienne très-distinguée et peu nombreuse. Être du sang du Scarabée, c'est simplement être de la famille dont le Scarabée est l'emblème. Je parle figurativement.

– Mais qu'a cela de commun avec le fait de votre existence actuelle ?

– Eh bien, c'était la coutume générale en Égypte, avant d'embaumer un cadavre, de lui enlever les intestins et la cervelle ; la race des Scarabées seule n'était pas sujette à cette coutume. Si donc je n'avais pas été un Scarabée, j'eusse été privé de mes boyaux et de ma cervelle, et sans ces deux viscères, vivre n'est pas chose commode.

– Je comprends cela, – dit M. Buckingham, – et je présume que toutes les momies qui nous parviennent *entières* sont de la race des Scarabées.

– Sans aucun doute.

– Je croyais, – dit M. Gliddon très timidement, – que le Scarabée était un des Dieux Égyptiens.

– Un des *quoi* Égyptiens ? – s'écria la momie, sautant sur ses pieds.

– Un des Dieux, – répéta le voyageur.

– Monsieur Gliddon, je suis réellement étonné de vous entendre parler de la sorte, – dit le comte en se rasseyant. – Aucune nation sur la face de la terre n'a jamais reconnu plus d'*un* Dieu. Le Scarabée, l'Ibis, etc., étaient pour nous (ce que d'autres créatures ont été pour d'autres nations) les symboles, les intermédiaires par lesquels nous offrions le culte au Créateur, trop auguste pour être approché directement.

Ici, il se fit une pause. A la longue, l'entretien fut repris par le docteur Ponnonner.

– Il n'est donc pas improbable, d'après vos explications, – dit-il, – qu'il puisse exister, dans les catacombes qui sont près du Nil, d'autres momies de la race du Scarabée dans de semblables conditions de vitalité ?

– Cela ne peut pas faire l'objet d'une question, – répliqua le comte ; – tous les Scarabées qui par accident ont été embaumés vivants sont vivants. Quelques-uns même de ceux qui ont été ainsi embaumés *à dessein* peuvent avoir été oubliés par leurs exécuteurs testamentaires et sont encore dans leurs tombes.

– Seriez-vous assez bon, – dis-je, – pour expliquer ce que vous entendez par *embaumés ainsi à dessein* ?

– Avec le plus grand plaisir, – répliqua la momie, après m'avoir considéré à loisir à travers son lorgnon ; car c'était la première fois que je me hasardais à lui adresser directement une question.

– Avec le plus grand plaisir, – dit-elle. – La durée ordinaire de la vie humaine, de mon temps, était de huit cents ans environ. Peu d'hommes mouraient, sauf par suite d'accidents très-extraordinaires, avant l'âge de six cents ; très-peu vivaient plus de dix siècles ; mais huit siècles étaient considérés comme le terme naturel. Après la découverte du principe de l'embaumement, tel que je vous l'ai expliqué, il vint à l'esprit de nos philosophes qu'on pourrait satisfaire une louable curiosité, et en même temps servir considérablement les intérêts de la science, en morcelant la durée moyenne et en vivant cette vie naturelle par à-comptes. Relativement à la science historique, l'expérience a démontré qu'il y avait quelque chose à faire dans ce sens, quelque chose d'indispensable. Un historien, par exemple, ayant atteint l'âge de cinq cents ans, écrivait un livre avec le plus grand soin ; puis il se faisait soigneusement embaumer, laissant commission à ses exécuteurs testamentaires *pro tempore* de le ressusciter après un certain laps de temps, – mettons cinq ou six cents ans. Rentrant dans la vie à l'expiration de cette époque, il trouvait invariablement son grand ouvrage converti en une espèce de cahier de notes accumulées au hasard, – c'est-à-dire en une sorte d'arène littéraire ouverte aux conjectures contradictoires, aux énigmes et aux chamailleries personnelles de toutes les bandes de commentateurs exaspérés. Ces conjectures, ces énigmes qui passaient sous le nom d'annotations ou corrections, avaient si complètement enveloppé, torturé, écrasé le texte, que l'auteur était réduit à fureter partout dans ce fouillis avec une lanterne pour découvrir son propre livre. Mais, une fois retrouvé, ce pauvre livre ne valait jamais les peines que l'auteur avait prises pour le ravoir. Après l'avoir récrit d'un bout à l'autre, il restait encore une besogne pour l'historien, un devoir impérieux : c'était de corriger, d'après sa science et son expérience personnelles, les traditions du jour concernant l'époque dans laquelle il avait primitivement vécu. Or, ce procédé de recomposition et de rectification personnelle, poursuivi de temps à autre par différents sages, avait pour résultat d'empêcher notre histoire de dégénérer en une pure fable.

– Je vous demande pardon, – dit alors le docteur Ponnonner, – posant doucement sa main sur le bras de l'Égyptien, je vous demande pardon, monsieur, mais puis-je me permettre de vous interrompre pour un moment ?

– Parfaitement, *monsieur*, – répliqua le comte en s'écartant un peu.

– Je désirais simplement vous faire une question – dit le docteur. – Vous avez parlé de corrections personnelles de l'auteur relativement aux traditions qui concernaient son époque. En moyenne, monsieur, je vous prie, dans quelle proportion la vérité se trouvait-elle généralement mêlée à ce grimoire ?

– On trouva généralement que ce grimoire – pour me servir de votre excellente définition, monsieur, – était exactement au pair avec les faits rapportés dans l'histoire elle-même non récrite, – c'est-à-dire qu'on ne vit jamais dans aucune circonstance un simple iota de l'un ou de l'autre qui ne fût absolument et radicalement faux.

– Mais, puisqu'il est parfaitement clair, – reprit le docteur, que cinq mille ans au moins se sont écoulés depuis votre enterrement, je tiens pour sûr que vos annales à cette époque, sinon vos traditions, étaient suffisamment explicites sur un sujet d'un intérêt universel, la Création, qui eut lieu, comme vous le savez sans doute, seulement dix siècles auparavant, ou peu s'en faut.

– Monsieur ! – fit le comte Allamistakeo.

Le docteur répéta son observation, mais ce ne fut qu'après mainte explication additionnelle qu'il parvint à se faire comprendre de l'étranger. A la fin, celui-ci dit, non sans hésitation :

– Les idées que vous soulevez sont, je le confesse, entièrement nouvelles pour moi. De mon temps, je n'ai jamais connu personne qui eût été frappé d'une si singulière idée, que l'univers (ou ce monde, si vous l'aimez mieux) pouvait avoir eu un commencement. Je me rappelle qu'une fois, mais rien qu'une fois, un homme de grande science me parla d'une tradition vague concernant la race humaine ; et cet homme se servait comme vous du mot *Adam*, ou *terre rouge*. Mais il l'employait dans un sens générique, comme ayant trait à la germination spontanée par le limon, – juste comme un millier d'animalcules, – à la germination spontanée, dis-je, de cinq vastes hordes d'hommes, poussant simultanément dans cinq parties distinctes du globe presque égales entre elles.

Ici, la société haussa généralement les épaules, et une ou deux personnes se touchèrent le front avec un air très-significatif. M. Silk Buckingham, jetant un léger coup d'œil d'abord sur l'occiput, puis sur le sinciput d'Allamistakeo, prit ainsi la parole :

– La longévité humaine dans votre temps, unie à cette pratique fréquente que vous nous avez expliquée, consistant à vivre sa vie par à-comptes, aurait dû, en vérité, contribuer puissamment au développement général et à l'accumulation des connaissances. Je présume donc que nous devons attribuer l'infériorité marquée des anciens Égyptiens dans toutes les parties de la science, quand on les compare avec les modernes et plus spécialement avec les Yankees, uniquement à l'épaisseur plus considérable du crâne égyptien.

– Je confesse de nouveau, – répliqua le comte avec une parfaite urbanité, – que je suis quelque peu en peine de vous comprendre ; dites-moi, je vous prie, de quelles parties de la science voulez-vous parler ?

Ici toute la compagnie, d'une voix unanime, cita les affirmations de la phrénologie et les merveilles du magnétisme animal.

Nous ayant écoutés jusqu'au bout, le comte se mit à raconter quelques anecdotes qui nous prouvèrent clairement que les prototypes de Gall et de Spurzheim avaient fleuri et dépéri en Égypte, mais dans une époque si ancienne, qu'on en avait presque perdu le souvenir, – et que les procédés de Mesmer étaient des tours misérables en comparaison des miracles positifs opérés par les savants de Thèbes, qui créaient des poux et une foule d'autres êtres semblables.

Je demandai alors au comte si ses compatriotes étaient capables de calculer les éclipses. Il sourit avec une nuance de dédain et m'affirma que oui.

Ceci me troubla un peu ; cependant, je commençais à lui faire d'autres questions relativement à leurs connaissances astronomiques, quand quelqu'un de la société, qui n'avait pas encore ouvert la bouche, me souffla à l'oreille que, si j'avais besoin de renseignements sur ce chapitre, je ferais mieux de consulter un certain monsieur Ptolémée aussi bien qu'un nommé Plutarque, à l'article *De facie lunæ*.

Je questionnai alors la momie sur les verres ardents et lenticulaires, et généralement sur la fabrication du verre ; mais je n'avais pas encore fini mes questions que le camarade silencieux me poussait doucement par le coude, et me priait, pour l'amour de Dieu, de jeter un coup d'œil sur Diodore de Sicile. Quant au comte, il me demanda simplement, en manière de réplique, si, nous autres modernes, nous possédions des microscopes qui nous permissent de graver des onyx avec la perfection des Égyptiens. Pendant que je cherchais la réponse à faire à cette question, le petit docteur Ponnonner s'aventura dans une voie très-extraordinaire.

– Voyez notre architecture ! – s'écria-t-il, – à la grande indignation des deux voyageurs qui le pinçaient jusqu'au bleu, mais sans réussir à le faire taire.

– Allez voir, – criait-il avec enthousiasme, la fontaine du Jeu de boule à New York ! ou, si c'est une trop écrasante contemplation, regardez un instant le Capitole à Washington, D.C. !

Et le bon petit homme médical alla jusqu'à détailler minutieusement les proportions du bâtiment en question. Il expliqua que le portique seul n'était pas orné de moins de vingt-quatre colonnes, de cinq pieds de diamètre, et situées à dix pieds de distance l'une de l'autre.

Le comte dit qu'il regrettait de ne pouvoir se rappeler pour le moment la dimension précise d'aucune des principales constructions de la cité d'Aznac, dont les fondations plongeaient dans la nuit du temps, mais dont les ruines étaient encore debout, à l'époque de son enterrement, dans une vaste plaine de sable à l'ouest de Thèbes. Il se souvenait néanmoins, à propos de portiques, qu'il y en avait un, appliqué à un palais secondaire, dans une espèce de faubourg appelé Carnac, et formé de cent quarante-quatre colonnes de trente-sept pieds de circonférence chacune, et distantes de vingt-cinq pieds l'une de l'autre. On arrivait du Nil à ce portique par une avenue de deux milles de long, formée par des sphinx, des statues, des obélisques de vingt, de soixante et de cent pieds de haut. Le palais lui-même, autant qu'il pouvait se rappeler, avait, dans un sens seulement, deux milles de long, et pouvait bien avoir en tout sept milles de circuit. Ses murs étaient richement décorés en dedans et en dehors de peintures hiéroglyphiques. Il ne prétendait pas *affirmer* qu'on aurait pu bâtir entre ses murs cinquante ou soixante des Capitoles du docteur ; mais il ne lui était pas démontré que deux ou trois cents n'eussent pas pu y être empilés sans trop d'embarras. Ce palais de Carnac était une insignifiante petite bâtisse, après tout. Le comte, néanmoins, ne pouvait pas, en stricte conscience, se refuser à reconnaître le style ingénieux, la magnificence et la supériorité de la fontaine du Jeu de boule, telle que le docteur l'avait décrite. Rien de semblable, il était forcé de l'avouer, n'avait jamais été vu en Égypte ni ailleurs.

Je demandai alors au comte ce qu'il pensait de nos chemins de fer.

– Rien de particulier, – dit-il. – Ils sont un peu faibles, assez mal conçus et grossièrement assemblés. Ils ne peuvent donc pas être comparés aux vastes chaussées à rainures de fer, horizontales et directes, sur lesquelles les Égyptiens transportaient des temples entiers et des obélisques massifs de cent cinquante pieds de haut.

Je lui parlai de nos gigantesques forces mécaniques. Il convint que nous savions faire quelque chose dans ce genre, mais il me demanda comment nous nous y serions pris pour dresser les impostes sur les linteaux du plus petit palais de Carnac.

Je jugeai à propos de ne pas entendre cette question, et je lui demandai s'il avait quelque idée des puits artésiens ; mais il releva simplement les sourcils, pendant que M. Gliddon me faisait un clignement d'yeux très-prononcé, et me disait à voix basse que les ingénieurs chargés de forer le terrain pour trouver de l'eau dans la Grande Oasis en avaient découvert un tout récemment.

Alors, je citai nos aciers ; mais l'étranger leva le nez, et me demanda si notre acier aurait jamais pu exécuter les sculptures si vives et si nettes qui décorent les obélisques, et qui avaient été entièrement exécutées avec des outils de cuivre.

Cela nous déconcerta si fort, que nous jugeâmes à propos de faire une diversion sur la métaphysique. Nous envoyâmes chercher un exemplaire d'un ouvrage qui s'appelle le *Dial*, et nous en lûmes un chapitre ou deux sur un sujet qui n'est pas très-clair mais que les gens de Boston définissent : le Grand Mouvement ou Progrès.

Le comte dit simplement que, de son temps, les grands mouvements étaient choses terriblement communes, et que, quant au progrès, il fut à une certaine époque une vraie calamité, mais ne progressa jamais.

Nous parlâmes alors de la grande beauté et de l'importance de la Démocratie, et nous eûmes beaucoup de peine à bien faire comprendre au comte la nature positive des avantages dont nous jouissions en vivant dans un pays où le suffrage était *ad libitum*, et où il n'y avait pas de roi.

Il nous écouta avec un intérêt marqué, et, en somme, il parut réellement s'amuser. Quand nous eûmes fini, il nous dit qu'il s'était passé là-bas, il y avait déjà bien longtemps quelque chose de tout à fait semblable. Treize provinces égyptiennes résolurent tout d'un coup d'être libres, et de donner ainsi un magnifique exemple au reste de l'humanité. Elles rassemblèrent leurs sages, et brassèrent la plus ingénieuse constitution qu'il est possible d'imaginer. Pendant quelque temps, tout alla le mieux du monde ; seulement, il y avait là des habitudes de blague qui étaient quelque chose de prodigieux. La chose néanmoins finit ainsi : les treize États, avec quelque chose comme quinze ou vingt autres, se consolidèrent dans le plus odieux et le plus insupportable despotisme dont on ait jamais ouï parler sur la face du globe.

Je demandai quel était le nom du tyran usurpateur.

Autant que le comte pouvait se le rappeler, ce tyran se nommait : *La Canaille*.

Ne sachant que dire à cela, j'élevai la voix, et je déplorai l'ignorance des Égyptiens relativement à la vapeur.

Le comte me regarda avec beaucoup d'étonnement, mais ne répondit rien. Le gentleman silencieux me donna toutefois un violent coup de coude dans les côtes, – me dit que je m'étais suffisamment compromis pour une fois, – et me demanda si j'étais réellement assez innocent pour ignorer que la machine à vapeur moderne descendait de l'invention de Héro, en passant par Salomon de Caus.

Nous étions pour lors en grand danger d'être battus ; mais notre bonne étoile fit que le docteur Ponnonner, s'étant rallié, accourut à notre secours, et demanda si la nation égyptienne prétendait sérieusement rivaliser avec les modernes dans l'article de la toilette, si important et si compliqué.

A ce mot, le comte jeta un regard sur les sous-pieds de son pantalon ; puis, prenant par le bout une des basques de son habit, il l'examina curieusement pendant quelques minutes. A la fin, il la laissa retomber, et sa bouche s'étendit graduellement d'une oreille à l'autre ; mais je ne me rappelle pas qu'il ait dit quoi que ce soit en manière de réplique.

Là-dessus, nous recouvrâmes nos esprits, et le docteur, s'approchant de la momie d'un air plein de dignité, la pria de dire avec candeur, sur son honneur de gentleman, si les Égyptiens avaient compris à une époque quelconque, la fabrication soit des pastilles de Ponnonner, soit des pilules de Brandreth.

Nous attendions la réponse dans une profonde anxiété, – mais bien inutilement. Cette réponse n'arrivait pas. L'Égyptien rougit et baissa la tête. Jamais triomphe ne fut plus complet ; jamais défaite ne fut supportée de plus mauvaise grâce. Je ne pouvais vraiment pas endurer le spectacle de l'humiliation de la pauvre momie. Je pris mon chapeau, je la saluai avec un certain embarras, et je pris congé.

En rentrant chez moi, je m'aperçus qu'il était quatre heures passées, et je me mis immédiatement au lit. Il est maintenant dix heures du matin. Je suis levé depuis sept, et j'écris ces notes pour l'instruction de ma famille et de l'humanité. Quant à la première, je ne la verrai plus. Ma femme est une mégère. La vérité est que cette vie et généralement tout le dix-neuvième siècle me donnent des nausées. Je suis convaincu que tout va de travers. En outre, je suis anxieux de savoir qui sera élu Président en 2045. C'est pourquoi, une fois rasé et mon café avalé, je vais tomber chez Ponnonner, et je me fais embaumer pour une couple de siècles.

L'HOMME DES FOULES

Ce grand malheur de ne pouvoir être seul.
LA BRUYÈRE.

On a dit judicieusement d'un certain livre allemand : *Es laesst sich nicht lesen*, – il ne se laisse pas lire. Il y a des secrets qui ne veulent pas être dits. Des hommes meurent la nuit dans leurs lits, tordant les mains des spectres qui les confessent et les regardant pitoyablement dans les yeux ; – des hommes meurent avec le désespoir dans le cœur et des convulsions dans le gosier à cause de l'horreur des mystères qui *ne veulent pas* être révélés. Quelquefois, hélas ! la conscience humaine supporte un fardeau d'une si lourde horreur, qu'elle ne peut s'en décharger que dans le tombeau. Ainsi l'essence du crime reste inexpliquée.

Il n'y a pas longtemps, sur la fin d'un soir d'automne, j'étais assis devant la grande fenêtre cintrée du café D... à Londres. Pendant quelques mois, j'avais été malade ; mais j'étais alors convalescent, et, la force me revenant, je me trouvais dans une de ces heureuses dispositions qui sont précisément le contraire de l'ennui, – dispositions où l'appétence morale est merveilleusement aiguisée, quand la taie qui recouvrait la vision spirituelle est arrachée, l'αχλυς η πριν επηεν, – où l'esprit électrisé dépasse aussi prodigieusement sa puissance journalière que la raison ardente et naïve de Leibnitz l'emporte sur la folle et molle rhétorique de Gorgias. Respirer seulement, c'était une jouissance, et je tirais un plaisir positif même de plusieurs sources très-plausibles de peine. Chaque chose m'inspirait un intérêt calme, mais plein de curiosité. Un cigare à la bouche, un journal sur mes genoux, je m'étais amusé, pendant la plus grande partie de l'après-midi, tantôt à regarder attentivement les annonces, tantôt à observer la société mêlée du salon, tantôt à regarder dans la rue à travers les vitres voilées par la fumée.

Cette rue est une des principales artères de la ville et elle avait été pleine de monde toute la journée. Mais, à la tombée de la nuit, la foule s'accrut de minute en minute ; et, quand tous les réverbères furent allumés, deux courants de population s'écoulaient, épais et continus, devant la porte. Je ne m'étais jamais senti dans une situation semblable à celle où je me trouvais en ce moment particulier de la soirée, et ce tumultueux océan de têtes humaines me remplissait d'une délicieuse émotion toute nouvelle. A la longue, je ne fis plus aucune attention aux choses qui se passaient dans l'hôtel, et je m'absorbai dans la contemplation de la scène du dehors.

Mes observations prirent d'abord un tour abstrait et généralisateur. Je regardais les passants par masses, et ma pensée ne les considérait que dans leurs rapports collectifs. Bientôt, cependant, je descendis au détail, et j'examinai avec un intérêt minutieux les innombrables variétés de figure, de toilette, d'air, de démarche, de visage et d'expression physionomique.

Le plus grand nombre de ceux qui passaient avaient un maintien convaincu et propre aux affaires, et ne semblaient occupés qu'à se frayer un chemin à travers la foule. Ils fronçaient les sourcils et roulaient les yeux vivement ; quand ils étaient bousculés par quelques passants voisins, ils ne montraient aucun symptôme d'impatience, mais rajustaient leurs vêtements et se dépêchaient. D'autres, une classe fort nombreuse encore, étaient inquiets dans leurs mouvements, avaient le sang à la figure, se parlaient à eux-mêmes et gesticulaient, comme s'ils se sentaient seuls par le fait même de la multitude innombrable qui les entourait. Quand ils étaient arrêtés dans leur marche, ces gens-là cessaient tout à coup de marmotter, mais redoublaient leurs gesticulations, et attendaient, avec un sourire distrait et exagéré, le passage des personnes qui leur faisaient obstacle. S'ils étaient poussés, ils saluaient abondamment les pousseurs, et paraissaient accablés de confusion. – Dans ces deux vastes classes d'hommes, au-delà de ce que je viens de noter, il n'y avait rien de bien caractéristique. Leurs vêtements appartenaient à cet ordre qui est exactement défini par le terme : décent. C'étaient indubitablement des gentilshommes, des marchands, des attorneys, des fournisseurs, des agioteurs, – les eupatrides et l'ordinaire banal de la société, – hommes de loisir et hommes activement engagés dans des affaires personnelles, et les conduisant sous leur propre responsabilité. Ils n'excitèrent pas chez moi une très grande attention.

La race des commis sautait aux yeux, et, là, je distinguai deux divisions remarquables. Il y avait les petits commis des maisons à *esbroufe*, – jeunes messieurs serrés dans leurs habits, les bottes brillantes, les cheveux pommadés et la lèvre insolente. En mettant de côté un certain je ne sais quoi de fringant dans les manières qu'on pourrait définir *genre calicot*, faute d'un meilleur mot, le genre de ces individus me parut un exact *fac-simile* de ce qui avait été la perfection du bon ton douze ou dix-huit mois auparavant. Ils portaient les grâces de rebut de la *gentry* ; – et cela, je crois, implique la meilleure définition de cette classe.

Quant à la classe des premiers commis de maisons solides, ou des *steady old fellows*, il était impossible de s'y méprendre. On les reconnaissait à leurs habits et pantalons noirs ou bruns, d'une tournure confortable, à leurs cravates et à leurs gilets blancs, à leurs larges souliers d'apparence solide, avec des bas épais ou des guêtres. Ils avaient tous la tête légèrement chauve, et l'oreille droite, accoutumée dès longtemps à tenir la plume, avait contracté un singulier tic d'écartement. J'observai qu'ils ôtaient ou remettaient toujours leurs chapeaux avec les deux mains, et qu'ils portaient des montres avec de courtes chaînes d'or d'un modèle solide et ancien. Leur affectation, c'était la respectabilité, – si toutefois il peut y avoir une affectation aussi honorable.

Il y avait bon nombre de ces individus d'une apparence brillante que je reconnus facilement pour appartenir à la race des filous de la *haute pègre* dont toutes les grandes villes sont infestées. J'étudiai très-curieusement cette espèce de *gentry*, et je trouvai difficile de comprendre comment ils pouvaient être pris pour des gentlemen par les gentlemen eux-mêmes. L'exagération de leurs manchettes, avec un air de franchise excessive, devait les trahir du premier coup.

Les joueurs de profession – et j'en découvris un grand nombre – étaient encore plus aisément reconnaissables. Ils portaient toutes les espèces de toilettes, depuis celle du parfait *maquereau*, joueur de gobelets, au gilet de velours, à la cravate de fantaisie, aux chaînes de cuivre doré, aux boutons de filigrane, jusqu'à la toilette cléricale, si scrupuleusement simple, que rien n'était moins propre à éveiller le soupçon. Tous cependant se distinguaient par un teint cuit et basané, par je ne sais quel obscurcissement vaporeux de l'œil, par la compression et la pâleur de la lèvre. Il y avait, en outre, deux autres traits qui me les faisaient toujours deviner : un ton bas et réservé dans la conversation, et une disposition plus qu'ordinaire du pouce à s'étendre jusqu'à faire angle droit avec les doigts. – Très-souvent, en compagnie de ces fripons, j'ai observé quelques hommes qui différaient un peu par leurs habitudes ; cependant, c'étaient toujours des oiseaux de même plumage. On peut les définir : des gentlemen qui vivent de leur esprit. Ils se divisent, pour dévorer le public, en deux bataillons, – le genre dandy et le genre militaire. Dans la première classe, les caractères principaux sont longs cheveux et sourires ; et dans la seconde, longues redingotes et froncements de sourcils.

En descendant l'échelle de ce qu'on appelle *gentility*, je trouvai des sujets de méditation plus noirs et plus profonds. Je vis des colporteurs juifs avec des yeux de faucon étincelants dans des physionomies dont le reste n'était qu'abjecte humilité ; de hardis mendiants de profession bousculant des pauvres d'un meilleur titre, que le désespoir seul avait jetés dans les ombres de la nuit pour implorer la charité ; des invalides tout faibles et pareils à des spectres sur qui la mort avait placé une main sûre, et qui clopinaient et vacillaient à travers la foule, regardant chacun au visage avec des yeux pleins de prières, comme en quête de quelque consolation fortuite, de quelque espérance perdue ; de modestes jeunes filles qui revenaient d'un labeur prolongé vers un sombre logis, et reculaient plus éplorées qu'indignées devant les œillades des drôles dont elles ne pouvaient même pas éviter le contact direct ; des prostituées de toute sorte et de tout âge, – l'incontestable beauté dans la primeur de sa féminité, faisant rêver de la statue de Lucien dont la surface était de marbre de Paros et l'intérieur rempli d'ordures, – la lépreuse en haillons, dégoûtante et absolument déchue, – la vieille sorcière, ridée, peinte, plâtrée, chargée de bijouterie, faisant un dernier effort vers la jeunesse, – la pure enfant à la forme non mûre, mais déjà façonnée par une longue camaraderie aux épouvantables coquetteries de son commerce, et brûlant de l'ambition dévorante d'être rangée au niveau de ses aînées dans le vice ; des ivrognes innombrables et indescriptibles, ceux-ci déguenillés, chancelants, désarticulés, avec le visage meurtri et les yeux ternes, – ceux-là avec leurs vêtements entiers, mais sales, une crânerie légèrement vacillante, de grosses lèvres sensuelles, des faces rubicondes et sincères, – d'autres vêtus d'étoffes qui jadis avaient été bonnes, et qui maintenant encore étaient scrupuleusement brossées, – des hommes qui marchaient d'un pas plus ferme et plus élastique que nature, mais dont les physionomies étaient terriblement pâles, les yeux atrocement effarés et rouges, et qui, tout en allant à grands pas à travers la foule, agrippaient avec des doigts tremblants tous les objets qui se trouvaient à leur portée ; et puis des pâtissiers, des commissionnaires, des porteurs de charbon, des ramoneurs ; des joueurs d'orgue, des montreurs de singes, des marchands de chansons, ceux qui vendaient avec ceux qui chantaient ; des artisans déguenillés et des travailleurs de toute sorte épuisés à la peine, – et tous pleins d'une activité bruyante et désordonnée qui affligeait l'oreille par ses discordances et apportait à l'œil une sensation douloureuse.

A mesure que la nuit devenait plus profonde, l'intérêt de la scène s'approfondissait aussi pour moi ; car non-seulement le caractère général de la foule était altéré (ses traits les plus nobles s'effaçant avec la retraite graduelle de la partie la plus sage de la population, et les plus grossiers venant plus vigoureusement en relief, à mesure que l'heure plus avancée tirait chaque espèce d'infamie de sa tanière), mais les rayons des becs de gaz, faibles d'abord quand ils luttaient avec le jour mourant, avaient maintenant pris le dessus et jetaient sur toutes choses une lumière étincelante et agitée. Tout était noir, mais éclatant – comme cette ébène à laquelle on a comparé le style de Tertullien.

Les étranges effets de la lumière me forcèrent à examiner les figures des individus ; et, bien que la rapidité avec laquelle ce monde de lumière fuyait devant la fenêtre m'empêchât de jeter plus d'un coup d'œil sur chaque visage, il me semblait toutefois que, grâce à ma singulière disposition morale, je pouvais souvent lire dans ce bref intervalle d'un coup d'œil l'histoire de longues années.

Le front collé à la vitre, j'étais ainsi occupé à examiner la foule, quand soudainement apparut une physionomie (celle d'un vieux homme décrépit de soixante-cinq à soixante-dix ans), – une physionomie qui tout d'abord arrêta et absorba toute mon attention, en raison de l'absolue idiosyncrasie de son expression. Jusqu'alors je n'avais jamais rien vu qui ressemblât à cette expression, même à un degré très-éloigné. Je me rappelle bien que ma première pensée, en le voyant, fut que Retzch, s'il l'avait contemplé, l'aurait grandement préféré aux figures dans lesquelles il a essayé d'incarner le démon. Comme je tâchais, durant le court instant de mon premier coup d'œil, de former une analyse quelconque du sentiment général qui m'était communiqué, je sentis s'élever confusément et paradoxalement dans mon esprit les idées de vaste intelligence, de circonspection, de lésinerie, de cupidité, de sang-froid, de méchanceté, de soif sanguinaire, de triomphe, d'allégresse, d'excessive terreur, d'intense et suprême désespoir. Je me sentis singulièrement éveillé, saisi, fasciné. – Quelle étrange histoire, me dis-je à moi-même, est écrite dans cette poitrine ! – Il me vint alors un désir ardent de ne pas perdre l'homme de vue, – d'en savoir plus long sur lui. Je mis précipitamment mon paletot, je saisis mon chapeau et ma canne, je me jetai dans la rue, et me poussai à travers la foule dans la direction que je lui avais vu prendre ; car il avait déjà disparu. Avec un peu de difficulté, je parvins enfin à le découvrir, je m'approchai de lui et le suivis de très-près, mais avec de grandes précautions, de manière à ne pas attirer son attention.

Je pouvais maintenant étudier commodément sa personne. Il était de petite taille, très-maigre et très-faible en apparence. Ses habits étaient sales et déchirés ; mais, comme il passait de temps à autre dans le feu éclatant d'un candélabre, je m'aperçus que son linge, quoique sale, était d'une belle qualité ; et, si mes yeux ne m'ont pas abusé, à travers une déchirure du manteau, évidemment acheté d'occasion, dont il était soigneusement enveloppé, j'entrevis la lueur d'un diamant et d'un poignard. Ces observations surexcitèrent ma curiosité, et je résolus de suivre l'inconnu partout où il lui plairait d'aller.

Il faisait maintenant tout à fait nuit, et un brouillard humide et épais s'abattait sur la ville, qui bientôt se résolut en une pluie lourde et continue. Ce changement de temps eut un effet bizarre sur la foule, qui fut agitée tout entière d'un nouveau mouvement, et se déroba sous un monde de parapluies. L'ondulation, le coudoiement, le brouhaha, devinrent dix fois plus forts. Pour ma part, je ne m'inquiétai pas beaucoup de la pluie, – j'avais encore dans le sang une vieille fièvre aux aguets, pour qui l'humidité était une dangereuse volupté. Je nouai un mouchoir autour de ma bouche, et je tins bon. Pendant une demi-heure, le vieux homme se fraya son chemin avec difficulté à travers la grande artère, et je marchais presque sur ses talons dans la crainte de le perdre de vue. Comme il ne tournait jamais la tête pour regarder derrière lui, il ne fit pas attention à moi. Bientôt il se jeta dans une rue traversière, qui bien que remplie de monde, n'était pas aussi encombrée que la principale qu'il venait de quitter. Ici, il se fit un changement évident dans son allure. Il marcha plus lentement, avec moins de décision que tout à l'heure, avec plus d'hésitation. Il traversa et retraversa la rue fréquemment, sans but apparent ; et la foule était si épaisse, qu'à chaque nouveau mouvement j'étais obligé de le suivre de très-près. C'était une rue étroite et longue, et la promenade qu'il y fit dura près d'une heure, pendant laquelle la multitude des passants se réduisit graduellement à la quantité de gens qu'on voit ordinairement à Broadway, près du parc, vers midi, – tant est grande la différence entre une foule de Londres et celle de la cité américaine la plus populeuse. Un second crochet nous jeta sur une place brillamment éclairée et débordante de vie. La première *manière* de l'inconnu reparut. Son menton tomba sur sa poitrine, et ses yeux roulèrent étrangement sous ses sourcils froncés, dans tous les sens, vers tous ceux qui l'enveloppaient. Il pressa le pas, régulièrement, sans interruption. Je m'aperçus toutefois avec surprise, quand il eut fait le tour de la place, qu'il retournait sur ses pas. Je fus encore bien plus étonné de lui voir recommencer la même promenade plusieurs fois ; – une fois, comme il tournait avec un mouvement brusque, je faillis être découvert.

A cet exercice il dépensa encore une heure, à la fin de laquelle nous fûmes beaucoup moins empêchés par les passants qu'au commencement. La pluie tombait dru, l'air devenait froid, et chacun rentrait chez soi. Avec un geste d'impatience, l'homme errant passa dans une rue obscure, comparativement déserte. Tout le long de celle-ci, un quart de mille à peu près, il courut avec une agilité que je n'aurais jamais soupçonnée dans un être aussi vieux, – une agilité telle que j'eus beaucoup de peine à le suivre. En quelques minutes, nous débouchâmes sur un vaste et tumultueux bazar. L'inconnu avait l'air parfaitement au courant des localités, et il reprit une fois encore son allure primitive, se frayant un chemin çà et là, sans but, parmi la foule des acheteurs et des vendeurs.

Pendant une heure et demie, à peu près, que nous passâmes dans cet endroit, il me fallut beaucoup de prudence pour ne pas le perdre de vue sans attirer son attention. Par bonheur, je portais des claques en caoutchouc, et je pouvais aller et venir sans faire le moindre bruit. Il ne s'aperçut pas un seul instant qu'il était épié. Il entrait successivement dans toutes les boutiques, ne marchandait rien, ne disait pas un mot, et jetait sur tous les objets un regard fixe, effaré, vide. J'étais maintenant prodigieusement étonné de sa conduite et je pris la ferme résolution de ne pas le quitter avant d'avoir satisfait en quelque façon ma curiosité à son égard.

Une horloge au timbre éclatant sonna onze heures, et tout le monde désertait le bazar en grande hâte. Un boutiquier, en fermant un volet, coudoya le vieux homme, et à l'instant même je vis un violent frisson parcourir tout son corps. Il se précipita dans la rue, regarda un instant avec anxiété autour de lui, puis fila avec une incroyable vélocité à travers plusieurs ruelles tortueuses et désertes, jusqu'à ce que nous aboutîmes de nouveau à la grande rue d'où nous étions partis, – la rue de l'hôtel D... Cependant, elle n'avait plus le même aspect. Elle était toujours brillante de gaz ; mais la pluie tombait furieusement, et l'on n'apercevait que de rares passants. L'inconnu pâlit. Il fit quelques pas d'un air morne dans l'avenue naguère populeuse ; puis, avec un profond soupir, il tourna dans la direction de la rivière, et, se plongeant à travers un labyrinthe de chemins détournés, arriva enfin devant un des principaux théâtres. On était au moment de le fermer, et le public s'écoulait par les portes. Je vis le vieux homme ouvrir la bouche, comme pour respirer, et se jeter parmi la foule ; mais il me sembla que l'angoisse profonde de sa physionomie était en quelque sorte calmée. Sa tête tomba de nouveau sur sa poitrine ; il apparut tel que je l'avais vu la première fois. Je remarquai qu'il se dirigeait maintenant du même côté que la plus grande partie du public, – mais, en somme, il m'était impossible de rien comprendre à sa bizarre obstination.

Pendant qu'il marchait, le public se disséminait ; son malaise et ses premières hésitations le reprirent. Pendant quelque temps, il suivit de très-près un groupe de dix ou douze tapageurs ; peu à peu, un à un, le nombre s'éclaircit et se réduisit à trois individus qui restèrent ensemble, dans une ruelle étroite, obscure et peu fréquentée. L'inconnu fit une pause, et pendant un moment parut se perdre dans ses réflexions ; puis, avec une agitation très-marquée, il enfila rapidement une route qui nous conduisit à l'extrémité de la ville, dans des régions bien différentes de celles que nous avions traversées jusqu'à présent. C'était le quartier le plus malsain de Londres, où chaque chose porte l'affreuse empreinte de la plus déplorable pauvreté et du vice incurable. A la lueur accidentelle d'un sombre réverbère, on apercevait des maisons de bois, hautes, antiques, vermoulues, menaçant ruine, et dans de si nombreuses et si capricieuses directions qu'à peine pouvait-on deviner au milieu d'elles l'apparence d'un passage. Les pavés étaient éparpillés à l'aventure, repoussés de leurs alvéoles par le gazon victorieux. Une horrible saleté croupissait dans les ruisseaux obstrués. Toute l'atmosphère regorgeait de désolation. Cependant, comme nous avancions, les bruits de la vie humaine se ravivèrent clairement et par degrés ; et enfin de vastes bandes d'hommes, les plus infâmes parmi la populace de Londres, se montrèrent, oscillantes çà et là. Le vieux homme sentit de nouveau palpiter ses esprits, comme une lampe qui est près de son agonie. Une fois encore il s'élança en avant d'un pas élastique. Tout à coup, nous tournâmes au coin ; une lumière flamboyante éclata à notre vue, et nous nous trouvâmes devant un des énormes temples suburbains de l'Intempérance, – un des palais du démon Gin.

C'était presque le point du jour ; mais une foule de misérables ivrognes se pressaient encore en dedans et en dehors de la fastueuse porte. Presque avec un cri de joie, le vieux homme se fraya un passage au milieu, reprit sa physionomie primitive, et se mit à arpenter la cohue dans tous les sens, sans but apparent. Toutefois, il n'y avait pas longtemps qu'il se livrait à cet exercice, quand un grand mouvement dans les portes témoigna que l'hôte allait les fermer en raison de l'heure. Ce que j'observai sur la physionomie du singulier être que j'épiais si opiniâtrement fut quelque chose de plus intense que le désespoir. Cependant, il n'hésita pas dans sa carrière, mais, avec une énergie folle, il revint tout à coup sur ses pas, au cœur du puissant Londres. Il courut vite et longtemps, et toujours je le suivais avec un effroyable étonnement, résolu à ne pas lâcher une recherche dans laquelle j'éprouvais un intérêt qui m'absorbait tout entier. Le soleil se leva pendant que nous poursuivions notre course, et, quand nous eûmes une fois encore atteint le rendez-vous commercial de la populeuse cité, la rue de l'Hôtel D..., celle-ci présentait un aspect d'activité et de mouvement humains presque égal à ce que j'avais vu dans la soirée précédente. Et, là encore, au milieu de la confusion toujours croissante, longtemps je persistai dans ma poursuite de l'inconnu. Mais, comme d'ordinaire, il allait et venait, et de la journée entière il ne sortit pas du tourbillon de cette rue. Et, comme les ombres du second soir approchaient, je me sentais brisé jusqu'à la mort, et, m'arrêtant tout droit devant l'homme errant, je le regardai intrépidement en face. Il ne fit pas attention à moi, mais reprit sa solennelle promenade, pendant que, renonçant à le poursuivre, je restais absorbé dans cette contemplation.

– Ce vieux homme, – me dis-je à la longue, – est le type et le génie du crime profond. Il refuse d'être seul. *Il est l'homme des foules*. Il serait vain de le suivre ; car je n'apprendrai rien de plus de lui ni de ses actions. Le pire cœur du monde est un livre plus rebutant que le *Hortulus animæ* [1], et peut-être est-ce une des grandes miséricordes de Dieu que *es laesst sich nicht lesen,* – qu'il ne se laisse pas lire.

1. *Hortulus animæ, cum oratiunculis aliquibus superadditis,* de Grunninger.

EXTRAIT DU CATALOGUE LIBRIO

CLASSIQUES

Affaire Dreyfus (L')
J'accuse et autres documents - n°201

Alphonse Allais
L'affaire Blaireau - n°43
A l'œil - n°50

Honoré de Balzac
Le colonel Chabert - n°28
Melmoth réconcilié - n°168
Ferragus, chef des Dévorants - n°226

Jules Barbey d'Aurevilly
Le bonheur dans le crime - n°196

Charles Baudelaire
Les Fleurs du Mal - n°48
Le Spleen de Paris - n°179
Les paradis artificiels - n°212

Beaumarchais
Le barbier de Séville - n°139

Georges Bernanos
Un mauvais rêve - n°247

Bernardin de Saint-Pierre
Paul et Virginie - n°65

Pedro Calderón de la Barca
La vie est un songe - n°130

Giacomo Casanova
Plaisirs de bouche - n°220

Corneille
Le Cid - n°21

Alphonse Daudet
Lettres de mon moulin - n°12
Sapho - n°86
Tartarin de Tarascon - n°164

Charles Dickens
Un chant de Noël - n°146

Denis Diderot
Le neveu de Rameau - n°61

Fiodor Dostoïevski
L'éternel mari - n°112
Le joueur - n°155

Gustave Flaubert
Trois contes - n°45
Dictionnaire des idées reçues - n°175

Anatole France
Le livre de mon ami - n°121

Théophile Gautier
Le roman de la momie - n°81
La morte amoureuse - n°263

Genèse (La) - n°90

Goethe
Faust - n°82

Nicolas Gogol
Le journal d'un fou - n°120
La nuit de Noël - n°252

Grimm
Blanche-Neige - n°248

Victor Hugo
Le dernier jour d'un condamné - n°70

Henry James
Une vie à Londres - n°159
Le tour d'écrou - n°200

Franz Kafka
La métamorphose - n°3

Eugène Labiche
Le voyage de Monsieur Perrichon - n°270
(*février 99*)

Madame de La Fayette
La Princesse de Clèves - n°57

Jean de La Fontaine
Le lièvre et la tortue et autres fables - n°131

Alphonse de Lamartine
Graziella - n°143

Gaston Leroux
Le fauteuil hanté - n°126

Longus
Daphnis et Chloé - n°49

Pierre Louÿs
La Femme et le Pantin - n°40
Manuel de civilité - n°255
(*Pour lecteurs avertis*)

Nicolas Machiavel
Le Prince - n°163

Stéphane Mallarmé
Poésie - n°135

Guy de Maupassant
Le Horla - n°1
Boule de Suif - n°27
Une partie de campagne - n°29
La maison Tellier - n°44
Une vie - n°109
Pierre et Jean - n°151
La petite Roque - n°217

Karl Marx, Friedrich Engels
Manifeste du parti communiste - n°210

Prosper Mérimée
Carmen - n°13
Mateo Falcone - n°98

Colomba - n°167
La vénus d'Ille - n°236

Les Mille et Une Nuits
Histoire de Sindbad
le Marin - n°147
Aladdin ou la lampe merveilleuse - n°191

Mirabeau
L'éducation de Laure - n°256
(*Pour lecteurs avertis*)

Molière
Dom Juan - n°14
Les fourberies de Scapin - n°181
Le bourgeois gentilhomme - n°235

Alfred de Musset
Les caprices de Marianne - n°39

Gérard de Nerval
Aurélia - n°23
Ovide
L'art d'aimer - n°11

Charles Perrault
Contes de ma mère l'Oye - n°32

Platon
Le banquet - n°76

Edgar Allan Poe
Double assassinat dans la rue Morgue - n°26
Le scarabée d'or - n°93
Le chat noir - n°213

Alexandre Pouchkine
La fille du capitaine - n°24
La dame de pique - n°74

Abbé Prévost
Manon Lescaut - n°94

Raymond Radiguet
Le diable au corps - n°8
Le bal du comte d'Orgel - n°156

Jules Renard
Poil de Carotte - n°25
Histoires naturelles - n°134

Arthur Rimbaud
Le bateau ivre - n°18

Edmond Rostand
Cyrano de Bergerac - n°116

Marquis de Sade
Le président mystifié - n°97
Les infortunes de la vertu - n°172

George Sand
La mare au diable - n°78
La petite Fadette - n°205

William Shakespeare
Roméo et Juliette - n°9
Hamlet - n°54
Othello - n°108
Macbeth - n°178

Sophocle
Œdipe roi - n°30

Stendhal
L'abbesse de Castro - n°117
Le coffre et le revenant - n°221

Robert Louis Stevenson
Olalla des Montagnes - n°73
Le cas étrange du
Dr Jekyll et de M. Hyde - n°113

Anton Tchekhov
La dame au petit chien - n°142
La salle n°6 - n°189

Léon Tolstoï
Hadji Mourad - n°85

Ivan Tourgueniev
Premier amour - n°17

Mark Twain
Trois mille ans chez les microbes - n°176

Vâtsyâyana
Kâma Sûtra - n°152

Bernard Vargaftig
La poésie des Romantiques - n°262

Paul Verlaine
Poèmes saturniens *suivi de*
Fêtes galantes - n°62
Romances sans paroles - n°187
Poèmes érotiques - n° 257
(*Pour lecteurs avertis*)

Jules Verne
Les cinq cents millions de la Bégum - n°52
Les forceurs de blocus - n°66
Le château des Carpathes - n°171
Les Indes noires - n°227

Voltaire
Candide - n°31
Zadig ou la Destinée - n°77
L'ingénu - n°180

Emile Zola
La mort d'Olivier Bécaille - n°42
Naïs - n°127
L'attaque du moulin - n°182

Librio
Le livre à 10 F
213

Achevé d'imprimer en Europe
à Pössneck (Thuringe, Allemagne)
en septembre 2000 pour le compte de E.J.L.
84, rue de Grenelle 75007 Paris
Dépôt légal septembre 2000
1er dépôt légal dans la collection : février 1998

Diffusion France et étranger : Flammarion